走向上的路　追求正义与智慧

多年来，经常会和全国各地的学生交流读书、学习、生活和工作的种种问题，并非善于解惑，只是乐于倾听。久而久之，发现其实年轻时候，问题很多，但种类不多。每每答疑之后，听者颇受启发，但自己不断重复说陌生人，却常觉兴味索然。当年印光法师以"文钞"弘法，但弟子多半不会深入阅读，仍善来信咨询，印光法师干脆写了一本"一函遍复"，只要来信没有特殊情况，就将印好的"一函遍复"作为回信寄出。我无德无能，但有意努力效仿。

道生一，一生二，二生三，三生万物，当万物生成，离道已远。我渴望集中精力关心波涛的原则而非琐碎的例证，过去数年和学生对话已有的答案，今次结集，回复并非哲理，只是感悟，权当你我生命的沉淀。如有一能够解答你的疑惑，纯属机缘，不必谢我。

下村少文

作 者 简 介

陈少文（陈虎）

法学博士，中南财经政法大学法学院教授、博士生导师，北京大学博士后，香港大学法律学院访问学者，多所高校兼职教授。著有《死刑案件证明标准研究》(2015)、《心能转境》(2017)、《不激不随》(2018)、《刑事程序的深层结构》(2018)、《写给法科生的信》(2018)，译有《吉迪恩的号角》(2010)、《审判故事》(2012)、《法律工具主义》(2016)、《穷人能否获得公正审判》(2018)等，主持多项国家社会科学基金、教育部人文社会科学基金、国家博士后科学基金特别资助等科研课题，在《中国法学》《环球法律评论》《中外法学》《政法论坛》等核心 期刊发表学术论文数十篇。

作 者 自 述

我不属于一种特定的人生，多年来，是好奇而非能力推我不断拓展生命的边界。我相信孔老夫子"毋固、毋必、毋我"的忠告，坚信所谓的精彩就是让自己无法归类。对于生活，我的理想是——从容点，不较劲，微笑，忍耐，跟谁都不急，看啥都顺眼，不比。

陈少文 著

写给年轻法律人的信

LETTERS TO YOUTH AS A LAWYER

中国民主法制出版社
全国百佳图书出版单位

―― 送给我的女儿　陈子菁 ――

写在前面的话

多年来,经常会和全国各地的学生交流读书、学习、生活和工作的种种问题,并非善于解惑,只是乐于倾听。久而久之,发现其实年轻时候,问题很多,但种类不多。每每答疑之后,听者颇受启发,但自己不断重复浅陋知见,却常觉兴味索然。当年印光法师以《文钞》弘法,但弟子多半不会深入阅读,仍喜欢来信咨询,印光法师干脆写了一本《一函遍复》,只要来信没有特殊情况,就将印好的《一函遍复》作为回信寄出。我无德无能,但亦想勉力效仿。

道生一,一生二,二生三,三生万物,当万物生成,离道已远。我渴望集中精力关心洗炼的原则而非琐碎的例证。过去数年和学生对话已有的答案,今次结集。回复并非哲理,只是感悟,权当你我生命的记录。如万一能够解答你的疑惑,纯属偶然,不必谢我。

代序：得天下英才而陪之

少文老师：

您好，我也是一名法学教师，从教时间应该和您差不多。您写的每一封信我都会看，写这封信给您是因为我一直有一个内心的疑惑，希望和您交流。我们都在体制内，都知道对于一个高校教师而言，科研才是他的生命线。您在课外花这么多时间和学生互动，会不会耽误您做科研的时间？换句话说，在学者身份和教师身份这两者之间，您更看重哪个？谢谢。

——陈虎，高校教师

陈虎老师：

您好。

神交已久。见字如面。

当年，有人问美国新闻界泰斗级人物沃尔特·克朗凯特："您回顾一生，最喜欢别人把您看作一名记者，还是一名主持人？"

沃尔特·克朗凯特毫不犹豫地回答："记者！"

多年后，一位叫作白岩松的中国人，也选择了同样的回答。

您的问题和这个故事很像。我很久之前也被问到过。当时，一位我很尊重的学界新锐在饭桌上对我说："科研为自己，教学为他人。有些可有可无的学生活动，就不要参加了。"

这种思想非常具有代表性。

我并不认为有这种思想就是功利。相反，我倒觉得，如果他能在完成教学任务的前提下，将更多精力投入到学术活动中去，最多只是个人价值排序的问题，因此无所谓对错。

但我和沃尔特·克朗凯特以及白岩松一样，总觉得，在两种身份的叠加中，有一种是更为本质的存在。

因此，相比于学者，我更为看重教师这一身份。

连续剧《大明王朝1566》里有这样一段情节：朝廷重臣高翰文才高八斗，他被派往浙江推行改稻为桑的国策，此人心系民生，痛恨官僚，却被搅进一场无边黑局而无力挣脱。同为朝廷重臣的胡部堂不揣冒昧，直言相劝："第一，你不该出来当官，你的才情只宜诗文风雅；第二，既然中了科举，就应该在翰林院储才撰书，而不应妄论国策。圣人的书是用来读的，拿来办事则是百无一用。"胡部堂与高翰文并无深交，此番言语可谓交浅言深。二人声气相投，故胡部堂直言相告。电视机里的高翰文和电视机外的我都深有感触：能够从事一个适合自己的职业，本就是一件极为幸运的事情。

所以，1997年，从我踏进法学殿堂的第一天起，我的人生理想，就是成为连续剧《一年又一年》里许亚军扮演的那种大学教师——宁愿回答学生一万个问题，也不对领导点一万次头。

为了这个梦想，我一直读我爱读的书，写我不爱写的论文。

一路辗转。

迄今为止，从教已近16个年头。

但是，陈虎兄问到的这个问题，如果仅仅这样回答，未免浅了一些。

我觉得，其实这个问题的背后，是两种教育观的差异。

所以，不妨借这个机会，展开说说我的一些教育观念。

首先，教师不应该把自己最熟悉的，当作学生最需要的。

曾经有一个朋友向我倾诉：他在读书期间，深得导师欣赏，导师希望他能继承衣钵，在学术方面有所建树，但他对学术实在没有兴趣，最终选择了实务道路。

导师非常失望，此后逢人就说，这个学生可惜了。

他十分委屈和不解："为何学校对于人才的评判标准如此单一，为何只有选择学术道路才可以称得上优秀？为何希望成为一名实务人才，反而像是人生的一次堕落？"

我能理解他的感受，并极力避免自己也用这种单一的标准去评价和剪裁不同的学生。

我希望自己面对学生，能有更加多元和开放的心态，允许他们选择不同的人生道路，并能够在读书期间，按照他们不同的职业要求，为他们提供差异化的思维训练。

我以为，为人师者，万不能把自己最熟悉的，当作学生最需要的。

不同的定位，决定了面对教育对象时不同的心态。

其次，教育的目的是影响中间人群，而不是那些优秀学生。

可能是因为我独特的从教经历，接触了太多非名校学生的缘故，我越来越深刻地感受到，教育的作用不是去影响那些最上进和最不上进的人群。

夫子不是也说嘛，"唯上智与下愚不可移也"。

教育的作用，是影响那些中间的人，那些渴望求知却不得其门而入的人。

所以，我一直觉得，优秀学者和优秀教师之间是不能直接画等号的。

前者，只需要按照自己的表述系统阐明一个精深的道理，即可完成立言的使命，和最为精英的头脑进行碰撞，为社会沉淀有价值的思想。

而后者，则必须根据受众资质和水平的不同，对同一份内容作深浅不一的表述，让更多的人得以感受思想的魅力，从而逐步跨进思想的殿堂。

学者，是艺术家，只管独自创作。而教师，则是表演者，必须因材施教。

不同的定位，决定了面对教育对象时的不同方式。

最后，教育不仅仅是知识的单向灌输，更是人格的立体塑造。

强调学者身份，会更为注重知识的单向灌输；而强调教师身份，则会更多关注学生人格的立体塑造。

从教十余年来，我几乎每年都会有三四次甚至更多的机会，带着学生们在全国四处游学，对象或是公益机构，或是援助律师……

每个人，当然也包括老师，都有其自身无法克服的局限性。

因此，我们就要在教育的过程中，用各种方式来弥补这种局限性，而万万不可以我之视野决定学生之视野，以我之是非决定学生之是非。

面对多元的开放心态，不求学生复制我们的人生道路，应该是我作为老师的第一准则。

以前，教师更多的是学者授业。我有一桶水，方能给你一瓢饮。

而现在，教师更多的是长者解惑。我有一条河，但要带你去看一片海。

带着学生，用旅行和交流，完成一次文化的混血。

教育，是一项让人醉心的事业，恰如学术。

作为学者，最大的幸福莫过于得天下英才而教之。

而作为师者，最大的幸福莫过于得天下英才而陪之。

在学术领域，我们可以有无数的办法按照一定的标准去审查和选拔学生，但是，在教学领域，却没有一个人能够像苏格拉底审查普罗塔戈拉那样来审查一个老师的价值。

对于教育，我一直心存敬畏，深知，真正的师者应如爱尔兰作家萧伯纳所言的那样：

我不是你们的师长，我只是和你们同行的路人。

我所指出的前方，不仅是你们的，

也是我的。

与陈虎兄共勉。

顺祝学术精进！

陈少文

目 录

法律人的世界观

01 我知道光在哪里 / *003*

02 读着读着就老了 / *009*

03 我有屠龙之术 / *013*

04 快乐高于责任 / *019*

05 伟大的生活都有无趣的阶段 / *024*

06 常思本来我无,方知人生皆得 / *029*

07 "学一行"就得"干一行"吗? / *033*

08 未选择的路 / *040*

09 法律人的知识沙文主义 / *047*

10 让你兴奋的,终将落地 / *055*

11 举世非之而不加沮 / *062*

12 思想背后的利益 / *068*

13 人在江湖,身要由己 / *076*

14 立场决定逻辑? / *081*

15 作为知识生产机制的教与学 / *086*

法律人的方法论

16 解释和辩护只有一线之隔 / *093*

17 发现你的不爱 / *097*

18 正确不等于妥当 / *102*

19 从经验到经典 / *108*

20 历史之真与逻辑之真 / *118*

21 结构化做事是最好的时间管理 / *124*

22 所谓创新，就是重新定义 / *130*

23 如何坚守底线？ / *137*

24 找到父母的真实需求 / *143*

25 愿意承担责任，才配享有自由 / *149*

26 如何读一本传记？ / *154*

27 如何迅速搭建知识体系？ / *159*

28 先读脉络，再入细节 / *165*

29 鉴赏力是记忆力的源头 / *171*

30 只有片面，方能深刻 / *176*

法律人的自处之道

31 因上努力，才能在果上随缘 / *185*

32 碎片化学习是一种次优选择 / *189*

33 如何在影视中寻找认识高峰？ / *195*

34 如何进行"结构化娱乐"？ / *201*

35 当你摇摇欲坠时，别人早已倒下 / *206*

36 真正的学习场景是日常 / 212
37 面向未来的决策 / 216
38 片面的真实等于全面的虚假 / 220
39 思想的回归就是进步 / 225
40 你可以脱靶，但不能没有目标 / 230
41 巧舌如簧又如何？ / 234
42 可不可以不勇敢？ / 238

法律人的专业之道

43 劝君多读判决书 / 247
44 熟视岂能无睹？ / 253
45 极端化情境下的经验观察 / 258
46 你所说的，你自己懂吗？ / 264
47 追求结构的力量 / 270
48 网络是正义的最后一道防线？ / 276
49 什么才是有效的论证？ / 284
50 阴谋、阴谋论及理性怀疑派 / 291

附录1：

我为何选择成为一名法学教师？ / 299

附录2：

参考书目 / 309

后记：创作书本与制作人格 / 315

—— **法律人的世界观** ——

01　我知道光在哪里

> 在一个黑白混杂的世界里,你是选择描摹黑暗,还是在内心不够强大的时候,先去感知光明?如果我们对于这个世界的态度取决于那些最恶的人做了哪些最恶的事,而不是那些最善良的人做了哪些最善良的事,我们与黑暗,就是一体的。
>
> 我,知道光在哪里。

少文老师:

这些天朋友圈被聂树斌平反的消息刷屏了,大家都感到欢欣鼓舞,但我却怎么都轻松不起来。每次平反冤案的时候,我想到的都是那些制造冤案的办案人员。一想到有些警察为了破案,不惜对一个无辜的人刑讯逼供,我就觉得太黑暗了,以至于我经常怀疑学习法律究竟是不是个正确的选择,还要不要继续坚持当年做一名刑辩律师的梦想。内心苦闷,有点啰嗦,希望得到您的开解。

——林波

林波同学:

你好。

我理解并且尊重你的苦闷,一个学习法律的青年,如果在入行之初就没有这种悲天悯人的正义情感,我很怀疑他将来是否能够成为一名真正优秀的刑辩律师。

现在都不热血了,将来,如何能够保持常温?

但今天,我想说的是,光明与黑暗的关系。

你看过这幅图吗?

你的眼睛是看见纯白的天使们在黑暗的天堂上飞舞?还是看见许多长角的恶魔占据地狱亮白的天空?

这是荷兰画家埃舍尔的著名作品,题为《天使与魔鬼》。

埃舍尔穷其一生创作了无数构思奇特的画作,"矛盾"是理解他作品的关键要素。

再看下面两幅图。明明是往二楼去的楼梯不知为什么却返回到了一楼,鸟儿在不断的变化中不知什么时候却突然变成了鱼儿。

在他的世界里，万事万物都充满了神奇的对立和转化。

在前面题为《天使与魔鬼》的作品中，你会看到白色的双翼天使和黑色的蝙蝠恶魔。由于人眼无法同时识别天使和魔鬼，因此当你第一眼看到的是天使的时候，恶魔就会隐身成为背景，而当你第一眼就看到恶魔的时候，天使则融为背景。很多心理学游戏都会用这幅图来测试一个人的心理状态，正如埃舍尔一生都试图通过艺术作品表达的那样，这个世界从来就不是纯白和纯黑的存在，而是在善与恶的转化中此消彼长，历经成、住、坏、空。

当我第一次接触埃舍尔这幅图的时候，我的第一眼，看到的就是白色的双翼天使。

你呢？在一个黑白混杂的世界里，你是选择描摹黑暗，还是在内心不够强大的时候，先去感知光明？

几年前，我和一个朋友在北京长安街一处咖啡馆聊天。

我问她："为什么你大学时学的是英语，后来却选择了法律这个行业，而且还是刀光剑影、血雨腥风的刑事领域？"

她收起电脑，开始和我说起她的家庭以及她家庭对她的影响，"我父亲是当地检察院的检委会成员。我从小到大，父亲都一身正气，嫉恶如仇，这些都对我的性格产生了很大的影响。有一次，他无意间接触了同事办的一个案子，他总觉得证据方面有很多问题，就这样定罪很可能就是一起冤案，但是直接推翻之前的处理结果又会影响同事之间的关系。一般人可能事不关己，就会高高挂起，但我父亲觉得刑事案件事关一个人的自由和生命，不能因为简单的面子问题就对发现的问题视而不见，后来他先后几次到地方上的看守所，亲自会见被告，向他当面求证了很多细节，确信了自己对案件事实的认识。回来后，他就不断地通过各种途径表明自己对案件定性问题的看法，希望能够慎重处理。当时很多人都觉得我父亲没有必要为了一个完全陌生的人这么认真，但是我父亲每次都对我说，这些人本来就是弱势群体，没有人替他们说句公道话。知道案子有问题不说，良心上过不去"。

讲到这里，朋友流下了眼泪。我突然明白了，在我们合作过程中她不放过任何一个细节的态度和在不尽如人意的司法环境里坚持下去的动力，都源自哪里。

罗曼·罗兰曾经说过：真正的勇士，是知道生活真相以后，仍然热爱生活。

林波同学，越是充满正义感的人，就越容易滑向一种虚无感和无力感。我希望你在进入社会之前，对社会的感知，不仅仅来自电视新闻，更不仅仅来自新浪微博。你必须对这个社会的光影比例，有一个正确的认知。

为了用脚步而不是耳朵丈量真实的中国，多年以来，我经常带着研究生四处游学拜访，寻找和感知不同法律人身上的正能量。

3年前,在安徽,我和学生在一次培训中见到了陕西著名的"枪下留人案"的辩护律师朱占平老师,当面请教了那个感人故事背后的很多细节。

2002年4月,朱律师突然接到法院电话,得知他所代理的一起故意杀人案被二审维持死刑并将在次日上午10点30分执行,坚信自己当事人罪不至死的朱律师即便在最后关头仍然没有放弃努力。

放下电话后,他第一时间买了一张高价票,连夜坐上了赶往北京的列车,一出火车站就立即打出租车来到最高人民法院紧急递交申诉材料。但是不论通过何种方式,朱律师都无法进入最高人民法院大门并联系到刑庭法官。他想尽了各种办法,经过种种努力,就在陕西方面准备执行死刑的最后关头,朱律师终于找到并最终说服最高人民法院法官辗转拨通了现场执行法官的电话,停止了执行。而此时,距离行刑只有4分钟时间。

还有,"上海两梅案",这个在上海滩轰动一时的杀人案件,梅姓兄弟被认定为杀人凶手,一直被关押服刑。但是,一个叫刘炳华的高级检察官,却坚信这桩发生于1995年夏天、轰动上海的故意杀人案另有真凶;如果不去推动复查,这起案件将经过20年的追诉时效期限,真凶将逃脱法律制裁。他在长达10年的时间里像侦探一样对本案进行推理调查。面临讥讽、不解,甚至菜刀的威胁,冒着得罪共事20多年的同事的风险,希望能够推动这桩陈年疑案的再调查。

这样的人还有很多，推动"浙江叔侄冤案"平反的张彪检察官、朱明勇律师，推动"念斌案"平反的张燕生律师、斯伟江律师，等等。

其实，就如"天下无贼"只是个美好的愿望一样，即便在罗尔斯的正义体系里，刑事司法也无法达到"天下无冤"的理想境界。有人说："法治就像鬼，相信的人多，遇到的人少。"这话虽然偏激，却也不无道理，我们距离真正的法治的确还有很长的一段路要走。纪伯伦说："除了黑暗之路，人类无法到达黎明。"在这段走夜路的过程之中，为了防止一不小心掉入脚下的泥潭，我们需要更多地关注夜色中的光亮。

写到这里，偶尔翻到一则4年前我的微博：

> 好久没坐这么久的火车了，凌晨到家。夕阳照在我身上，黑暗却在我眼前。看韩国电影《熔炉》。结尾了，正义还在路上。只有一个感受：迟来的正义，无异于早来的不正义。光州的民秀、河北的树斌，都是亚细亚孤儿。

林波同学，你应该能够从这则微博里看得出来，那时的我，和你现在的心境非常相似。而4年后，我的心态已经有所改变。

信的结尾，送你一句话吧，"如果我们对于这个世界的态度取决于那些最恶的人做了哪些最恶的事，而不是那些最善良的人做了哪些最善良的事，我们与黑暗，就是一体的"。

我，知道光在哪里。

02　读着读着就老了

> 有些事情不必问。做,就对了。有些结果不必急。等,就行了。其实,能有什么大不了的事需要焦虑呢?人生苦短,读着读着,就老了。

少文老师:

我是您十年前的第一批学生。您可能已经不记得我了。当年文法学院的学生都知道您有一个习惯,每天不读完150页书就不休息。我现在在基层工作,事业上没有什么起色,也看不到什么出路。和您当年十分相似,我每天晚上也会给自己留出一段读书的时间。但我也经常会产生一种自我怀疑:这样读下去究竟意义何在?它真的能够改变我的命运吗?陈老师,当年您在房间里读书的时候,就没有考虑过这些问题吗?

——安力

安力同学：

你好。

如果我告诉你当年的我心如止水，我自己都不信。

不过，我又能改变什么呢？

"二战"期间，在人性被战火遮蔽的黑暗岁月，每位出征前的海军士兵都会收到一份美国神父尼布尔的祈祷文：神啊，请赐我勇气，去接受我不能改变的一切；神啊，请赐我勇气，去改变我能改变的一切；神啊，请赐我智慧，去分辨这两者的不同。

那时的我，所幸还能够分辨两者。因此，我把几乎所有的业余时间，都交给了阅读。

刚毕业那段时间，留在武汉的几个同学平时都没有什么应酬，因此，大家周末聚会，往往在咖啡屋、棋牌室或者公园里，一待就是一整天。我经常会抽身出来，看随身携带的书籍。

记得有一次，咖啡屋里放了几十本20世纪90年代出版的《读书》杂志，我如获至宝。找了个没人打搅的角落，坐了整整一个下午，并在咖啡屋五颜六色的菜单上密密麻麻地记了十几页笔记。

直到现在，我都清晰地记得当天下午读过的一篇题为《一部译稿的艰难历程》的文章。文章讲述了与《物种起源》一书齐名的达尔文的著作《人类的由来及性选择》一书的翻译过程。

20世纪50年代初，因为要筹备《达尔文全集》的出版工作，叶笃庄先生受托邀请名家翻译。叶先生邀请的《人类的由来及性选择》一书的译者就是著名的性学家潘光旦先生。

潘先生对叶笃庄的邀请十分爽快地答应了下来，二人并无书面的协议，只有一拍即合的承诺。没想到翻译进程在1957年因历史原因意外中断了，叶笃庄在次年被定性为"反革命"而入狱。对于一个读书人来说，长年累月没有书读是比死还要难以忍受的事情，两年后，叶突发奇想，当初的翻译进程被迫中断，不妨利用这些闲暇将这一工作续上。

读书人毕竟有些"迂腐"，在当时监狱只允许读毛选的环境之下，居然申请狱方允许家人将《人类的由来及性选择》原著、日文译本、马君武先生的旧译本和《英华大辞典》等大量书籍送入狱中。没想到的是，监狱居然同意了这一要求，无意间为学术传承做了一件功德无量的好事。

在翻译过程中，叶克服了许多难以想象的困难，他利用写交代材料的机会偷藏钢笔和墨水，笔尖用秃了就磨尖再用，没有稿纸就写在日文书的行间，从早到晚、不分昼夜的翻译支撑着叶又度过了十年的狱中生活。但让人愤怒的是，这部艰难的译稿在1970年破"四旧"运动中被付之一炬。用尽生命里最宝贵心血完成的作品遭此厄运，叶并没有抱怨也没有消沉，与奥斯特洛夫斯基丢失原稿又重新写出《钢铁是怎样炼成的》一样，叶又找来原著，硬是凭借记忆重译了一遍！

1980年，叶终于完成全部译稿，并交给科学出版社准备出版。但就在此时，叶得知早年仅凭一句口头承诺答应翻译此书的潘光旦老先生在"文革"期间，在书房卧室全部被封、屡遭批斗的间歇也译完了该书，之后就含冤去世。坊间见到的《人类的由来及性选择》有两个译本，其来历就是如此。

达尔文泉下有知，一定会为自己的著作能够陪伴两位读书人度过精神上最为艰难的那段岁月而感到一种意料之外的欣慰吧。

我只能说，当年我和你一样，一边读书，一边焦虑。但我每每会想起这个故事，想起在20多年看不到前途的黑暗岁月中，一直和译稿相伴、在软弱中不言放弃的这两位学者。

这个故事就是最好的答案。

有些事情不必问。

做，就对了。

有些结果不必急。

等，就行了。

其实，能有什么大不了的事需要焦虑呢？人生苦短，读着读着，就老了。

03　我有屠龙之术

> 我们在进行理论学习的时候，一定要注意"理念"和"理论"的区别，以及"有道理"和"有用"的差异。学术为了理论的简洁，会删减很多真实世界中存在的变量，在一个真空中去研究经过提炼的问题，但一旦还原到真实世界里，在多种变量交织的环境里，那个答案就不能作为结论。

少文老师：

最近我在学习刑事诉讼法，但是开头几章基本范畴就搞得我兴味索然。例如，刑诉价值包括：秩序、公正和效益三项内容。而有学者居然就这三者的关系写出了几十万字的著作，还说正是这些研究让刑诉法具有了理论品格，老师还推荐我们阅读。我不知道是不是自己太"low"了，我真的搞不懂，这些研究究竟有什么意义？这些理论究竟能解决什么现实问题？

——永佳

永佳同学：

你好。

你一定看过《庄子》吧？

这本小书的《列御寇》篇记载了这样一个寓言故事：有一个叫支离益的人，非常擅长屠龙之术。正好有一个年轻人朱泙漫想学习一套能独步天下的绝技，就慕名前来，跟随支离益学习。但是，支离益的学费非常昂贵，小朱耗尽千金家产，三年技成，终于辞别师父，开始闯荡江湖，希望能够屠尽天下所有苍龙，却四处寻访而不得。

《庄子》载："三年技成而无所用其巧。"

套用一个网上的段子就是："我有苍茫之志，欲煎七海成田。却空有屠龙之术，难解抵天之柱。"

法学研究中，的确有很多理论，就和这个故事中所讽刺的屠龙之术一样，是用精妙的学术语言包装起来但在真实世界里几乎毫无用处的屠龙之术。

在这样的无用理论上耗费宝贵的学习时间，的确物有不值。

其实，何止是法学？在经济学领域里，也有所谓的"黑板经济学"，是讽刺那些根本不了解真实世界的书斋学者。

熊秉元教授的《效益的源泉》一书就记载了这样一则学界轶事。

2000年的时候，有两位美国经济学家，克雷默和莫科姆，合写了一篇论文，发表在一份著名的学术期刊《美国经济论丛》上。这篇论文的主旨就是探讨政府应该采取哪些策略，才能有效保障大象这种保育类动物。

和一般经济学家喜欢建立模型一样,这篇文章也通过经济学供求关系的基本原理推导出了两种政策建议:第一,政府可以明确宣示,只要象群数目低于某一指标,政府会不计成本地缉捕偷猎者,只要政府言而有信,就能产生吓阻效果。第二,政府还可以囤积象牙,一旦象牙的价格开始扬升,政府就可以释放存货,来压低象牙价格,而一旦价格降低,偷猎大象以截取象牙就会无利可图,因而就不会有人再猎杀大象。

你有没有觉得这篇文章分析得很有道理,但就是哪里味道不对?

是的,我和你的感受是一样的。

动动脚趾头都可以想得出来,这个地球上任何一个政府都不可能按照这两个学者的建议去囤积象牙,以平稳象牙市场的价格。

对于这样荒唐的研究结论,幸好还有自由的学术批评。2004年,一份名叫《经济论丛观察》的网络期刊问世,上面刊载的论文目的非常明确:揭露那些顶尖刊物上发表的经济学家的高论是多么的荒谬和不切实际!在逻辑世界里自洽的学术结论,恰恰在真实世界里永远不可能发生。

一个专门研究天然资源的学者阿勒西就撰文讽刺了上面这两位学者,认为他们正是科斯所讽刺的、那种专门研究真实世界不可能发生事物的"黑板经济学家"。

法学里有这种研究吗?

当然!而且,可能更多!

刑诉法就是个重灾区。在这个学术领域中,理念而非一般意义上的理论充斥于各种著作和论文中。对理念的取舍而非利益的平衡左右着研究者的头脑，并在实践和理论不相符的时候一味地谴责现实的粗鄙和落后。

如果说刑法有理论的话，刑诉有的其实多是理念；如果说刑法是法律中的科学的话，那刑诉其实更像是法律中的宗教。

这一点在我求学的过程中体会尤深。

每次看到刑诉价值理论中关于秩序、公正和效益价值彼此关系的论述的时候，我都有一种想把书给撕了的冲动。

我和你一样，不明白这么多学者耗费生命在这些概念排序的研究上，究竟有多大的意义！

这些屠龙之术除了能解决论述题之外，能够解决什么真实世界中的真实问题？

曾有学者在提到经济学界的屠龙之术时指出，在她读研究生的母校，号称江南第一学府的学校，有一位政治经济学的权威教授，在理论上的最大突破，竟然就是将"剩余价值"这一名词改为"价值剩余"。也许，在学者的世界里，这种细微的概念辨析确实有它的意义，但恕我直言，这个意义已经小到必须要有足够大的学术市场才能把它放大。

如果没有更大的研究生招生规模，如果没有更大的学术期刊发行市场，如果学术人士自身内部不能形成一个对这些学术概念的消费闭环，这种研究对于社会的意义就小到可以忽略不计。

也正是出于对这种所谓研究的深刻反感，才最终促使这位学者下定决心不再跟着这些人皓首穷经，决不让自己再去为这些类似于"天堂的玫瑰花有没有刺""一个针尖上能站几个天使"的所谓理论问题浪费生命。

所以，我理解并欣赏你的判断。有一些学术问题的确是没有实际意义的。

我们在进行理论学习的时候，一定要注意"理念"和"理论"的区别，以及"有道理"和"有用"的差异。

学术为了理论的简洁，会删减很多真实世界中存在的变量，在一个真空中去研究经过提炼的问题，但一旦还原到真实世界里，在多种变量交织的环境里，那个答案就不能作为结论。

诚如陈兴良教授所言，学术的逻辑在于片面的深刻，而不在于全面的有效。在逻辑上有道理的理论，在真实世界里却往往并非有用。

最近听了一个讲座，北京某大公司董事长讲自己的生命感悟，说到当年为了治疗前列腺，听从了权威医学教授的观点，每天大量食用西红柿。结果一日三餐，每天平均进食两斤多西红柿。半年以后，另一个权威医学教授又告诉他，大量食用西红柿的确可以大大降低患前列腺的概率，但是会极大地增加患胆结石的可能性。

如果你是这位董事长，是不是有骂人的冲动？不幸的是，这就是学术的逻辑。

欧洲文艺复兴时期有一幅名画《雅典学院》，拉斐尔把柏拉图和亚里士多德画到了整幅画的中央。但不知道你注意到没有，这对师徒其实是在争论一个问题。柏拉图手指着天空,好像在告诉学生:我们要研究理念中的世界,比如理想国,这才是研究的意义所在。而说出"吾爱吾师,吾更爱真理"的亚里士多德则手指大地,似乎在小心翼翼地和老师争辩:还是让我们把眼光投向我们脚下的土地,研究真实存在过的经验世界吧。而这对师徒二人的代表作,《理想国》与《雅典政制》则正是两种不同思维方式下的产物。

我更倾向于这位伟大学生的观点,真正有价值的理论,是研究真实发生过的经验问题,并揭示真实世界的逻辑。

要警惕——干什么都没用的屠龙之术,以及,逮谁和谁急的魏晋风度。

有道理和有用,是两回事。

徒有屠龙之术,却往往难解抵天之柱。

04　快乐高于责任

> 但你偏偏没有逢人就帮的能力。行善事要随缘随力,不要把自己当作救世主,这个世界也不需要你来拯救。如果你觉得不快乐了,就不要承担自己想象的责任。快乐高于责任,没有人愿意接受悲伤的帮助。最大的慈善,不是你捐出去的钱,而是你捐钱出去时候的状态;不是你捐出去的东西,而是你捐东西时候的姿态。

少文老师:

　　我参加了一个法律援助的公益组织,最近组织了一个大型的公益活动,非常成功。但也正是因为活动效果的确很好,网络宣传也很到位,结果有更多需要帮助的人向我们求助。我非常想帮助他们,但数量逐渐增多以后,我也感觉到自己力不从心,可又不忍心拒绝。所以现在经常失眠,非常焦虑。我该怎么办呢?

——向飞

向飞同学：

你好。

你说的这种情况我也遇到过。

我在广州有个学生，上我课的时候一直坐在第一排靠窗边的位置。眼睛大大的，说什么她都会乐，笑得像"开心麻花"。她人也很聪明，一次性就通过了司法考试。此后我们就没有见过，只是通过微博和微信联系。

后来，我知道，她组织了一次捐赠衣物的活动，找了几个大V老师帮忙转发活动信息，广泛发动身边朋友，积极联络帮助对象，活动热火朝天地搞了起来。

但是，突然，她不快乐了。原因和你说的一样。

她问我："自从我在网络上发起捐助活动以后，找我寻求帮助的人开始突然增多，我没有预料到这样的局面。我能力尚弱，但知道了却无力帮助他们也让我内心备受煎熬，经常夜不能寐，我该怎么调整自己的心态啊？"

我问她："是不是每次活动的进展和结果，你都会不断转发？"

"是啊，怎么了？"

"所以，这是你自己追求的结果。如果你每次都默默地去做，并且在私信里婉拒更多要求帮助的信息，也许你就不会这么痛苦。"

"可是，他们那么可怜，既然找到我了，总不能视而不见吧？"

"但你偏偏没有逢人就帮的能力。行善事要随缘随力，不要把自己当作救世主，这个世界也不需要你来拯救。"

"那会不会变成冷血？"

"快乐高于责任。没有人希望你愁眉苦脸地帮助别人。你哭着把钱放到我的手里，告诉我那是你节衣缩食省下的血汗钱，这种资助只会增加被帮助者的心理负担，要开心地履行自己的职分。其他事自有其他人做。"

"那要是人人都像你这样想，谁来帮他们呢？"

"可如果你不快乐了，谁来帮你呢？如果人人如此，社会怎么办？这是个伪命题，任何时候都不会出现人人如此的局面，那是你用来折磨自己的想象。每个人来到世界上，都有自己的职分。如果你不快乐了，却坚持履行责任，需要帮助的人，其实是你。"

很多父母都是可以任劳，但却不能任怨。一边在承担责任，一边在发泄不满，结果自己觉得被辜负，儿女觉得被斥责。付出越多，回报越少。

其实，不是孩子应该感谢父母，而是父母应该感谢孩子，让自己有了重新活过一次的机会。

如果你觉得不快乐了，就不要承担自己想象的责任。

出于好玩，我在 2011 年成立了一个网络公益组织，专门组织网络免费课程，帮助年轻法律人在步入律师行业时能够接受跨越地域、没有金钱门槛的职业培训。

开办之初，我的口号就是："终身免费""快乐公益"。

很多人问起为什么会有 100 多个志工连续数年坚持免费地为大家服务，志工 Peace 专门写了篇短文描述了她的心态：

> 如果某些事情成了生活中的一部分，如进食，如睡觉，

如分享，如奉献；如果某些东西成了生命中的一部分，如眼睛，如双手，如愿景，如一起玩闹一起成长一起守护的日知社。那么原因还需要解释吗？如果真要问为什么，为什么喜欢玩，因为快乐。为什么这样做，因为喜悦。要快乐，更要喜悦，要持久，不止一瞬……一生那么短，很多事情做不了；一生那么长，有太多值得去做的事。我们的幸运在于，在一个应该的年代，遇见了拥有共同磁场的彼此，找到了值得做并且做得了，可以慢慢地用一辈子去做的事情。理想没那么伟大，人，也没那么渺小，动机没那么多，时间也没那么少。

总之，因为快乐。

4年后，当我们举办了400多场公益讲座之后，我已经感觉到坚持4年的志工都开始各自忙碌了起来，有的结了婚需要照顾家庭，有的换了工作需要经常加班，我自己也逐渐开始忙了起来，公益渐渐成了大家的负担，尽管谁都没有主动提出退出。

感觉到当初单纯的快乐在逐渐让位给所谓的责任的时候，我毅然决定，停止这一"意义"重大的公益活动。

很多人很惋惜，只有我自己知道，以责任之名继续，最终被惋惜的就不是这件事情，而是我们自己。很早以前，在一本书里看到这样一段话，大概是：

上帝喜欢副词，他不在乎做事是否达到好成果，但他在乎做事时是否有好态度。在英文中，动词表示行为和活动，而副词则用来形容动词。这句话的意思是，上帝看重我们做事的心态，甚于所得到的结果。

快乐高于责任，没有人愿意接受悲伤的帮助。

最大的慈善，不是你捐出去的钱，而是你捐钱出去时候的状态；不是你捐出去的东西，而是你捐东西时候的姿态。

05　伟大的生活都有无趣的阶段

> 就像比尔·盖茨是在辍学后成为世界首富,但他却并非因为辍学而成为世界首富。相关并不等于因果。互联网的确给了很多人提高自己知名度的机会,但知名度不等于美誉度。没有实力,发一万张名片也没用。自己是伪劣产品,营销,就是虚假广告。

少文老师:

我这几天我在读罗纳德·斯蒂尔写的《李普曼传》,看得我激情澎湃,很想和您分享我的阅读感受。书里说到,26岁的李普曼,已经创办了一份名为《新共和》的杂志。当时的罗斯福总统见到他时,对他微笑着说,"先生,我对你早有耳闻,你是全美30岁以下最著名的男士"。看到这句话的时候,我几乎被点燃了,我渴望像李普曼那样,年纪轻轻就能闯出一片天地。张爱玲说:"出名要趁早。"我最近感触尤深。我想抓住现在互联网的风口,开办个人公众号,利用对社会热点事件的评论建立起个人品牌,尽早成功。少文老师,您能给我点建议吗?

——一利

一利同学:

你好。

我理解你的意思。这个时代的确给了很多人利用互联网改变个人境遇的可能,但年轻人将改变世界,并不代表所有年轻人都将改变世界。

就像比尔·盖茨是在辍学后成为世界首富,但他却并非因为辍学而成为世界首富。

相关并不等于因果。

所以,如果你想在尚无扎实基础的情况下就为了出名而贸然发表网络言论,我还是想建议你,不要冲动。

你所说的张爱玲的那句名言,抽离了当时的时代背景,有被误读的危险。

这句话是写在《传奇》的再版自序里的:出名要趁早呀,来得太晚的话,快乐也不那么痛快。但后面还有一段话,才是真正的重点:个人即使等得及,时代是仓促的,已经在破坏中,还有更大的破坏要来……

而她之所以会说出上面这段话,如梁文道所言,原因在于,张爱玲最好的作品都是 30 岁左右写出来的。她活在乱世之中,就像《小团圆》里的主人公九莉一样,念书的时候,遇到日军侵华,生命中最好的黄金阶段都是和战争连在一起的。因此,与其说张爱玲在呼吁出名要趁早,不如说,她在感叹生命的无常。

而我们今天，抽离了这些时代背景，不断告诉自己"出名要趁早"，则纯粹是出于对名利的渴求了。

不只是你，有不少年轻学生十分热衷于出席各种会议论坛，热衷于社交应酬，每个法律人的交流群里也随时能看到他们在聊天。我很纳闷，在这么年轻需要积累的时候，难道他们从来不用学习吗？

有一次，我说同样的道理给一个热衷于网络社交的年轻律师听。他反驳我说："陈老师，您的思想已经过时了，孔老夫子也说过，一个人，如果到了四五十岁仍然默默无闻，就没什么好怕的了，不趁着年轻积攒点知名度，哪里会有更多机会呢？"

听起来，似乎很有道理，孔老夫子好像也支持张爱玲的观点——一定要赶在年轻的时候出名，否则，黄花菜都凉了！

可是，很遗憾，你又误会孔老夫子了。

在孔子生活的春秋时代，平均寿命只有35到40岁。以大家熟悉的"芈月"为例，她老爸楚威王只活了51岁，而她老公秦惠文王更是只活了45岁。所以，在那个时候，人到四五十岁，基本已是暮年。此时仍然无名，可见终身学无所长，后生自然不用畏惧了。这段话，讲的似乎不是出名要趁早，而是指不要迷信老人。

是的，互联网的确给了很多人提高自己知名度的机会，但知名度不等于美誉度。没有实力，发一万张名片也没用。

自己是伪劣产品，营销，就是虚假广告。

一个人，总还是应该在合适的时间，做合适的事情。

在校期间，正是你潜龙在渊，而不是飞龙在天的时候。我想和你说说另外几个人。

第一位是胡塞尔。他可是哲学史上的现象学之父。但是，让人难以想象的是，他居然在哥廷根大学当了16年编外讲师，在他57岁之前竟然完全没有任何职称。可是，在这期间，对哲学史影响深远的《逻辑研究》和《观念》第一卷这两本书，却早已问世出版了。胡塞尔在一封给友人的信里坦陈自己常年担任编外讲师的原因：一个人的精力有限，研究的紧迫性使我只能自主选择研究课题，走自己的道路，而无暇顾及于主题以外的事情，抽身去讨好那些有影响力的人物。

第二位是康德。当年这位大名鼎鼎的天才人物频频向当局递交教授资格申请，历陈自己的学术专长和经济状况，可是他一直都没有如愿。他居然也和胡塞尔一样，一直都没有得到应得的荣誉，直到46岁才评上哥尼斯堡大学的正式教授。相传，在这期间，康德都没有走出故乡十里以外，而是一直专心著述。

不止他俩，达尔文周游世界后，剩下的时间在家里度过。马克思发起几次暴动后，也在大英博物馆度其余年。

你看，安静的生活是伟人共同的特征。所有伟大的生活都有无趣的阶段。

但是，我们在年轻的时候，却往往耐不住寂寞，坐不了冷板凳。

我并不是一概反对年轻人利用网络和社交平台经营自己的知名度。我只是觉得，如果在这么年轻的时候，就本末倒置，不去积累扎实的专业功底，从一开始就陷入对于名声的追求，势必会蚕食掉我们冷静思考的时间，养成我们信口开河的表达习惯，这对于你一生的事业，将百害而无一利。

著名的政治哲学家列奥·施特劳斯曾在《政治哲学史》中说过这样一句话：真正严肃的问题应该勤于研究而慎于表达。我想把这句话送给你。我知道，坚持这一原则会让你付出很多成本，最重要的可能就是昙花一现的网络"声誉"，这可能直接意味着很多直接的经济收益和非经济收益。但是，我认为，在事业积累的早期，这种习惯的养成是极有必要的。

一个矢志学问的年轻人即使从家庭安定之日起算，一生有20年的时间可以认真读书研究，也可以有2000万字的成果。单从数量上而言，这也足以让人震惊。即使进行精深的专题研究，每日沉思，一朝动笔，这种积累的效果也蔚为大观。如我们每天都能从一些可去可不去的应酬之中抽身而退，省下这两个小时，短暂的一生可以赢得多少时光啊。

小时候，读得最熟的一篇文章，就是王安石的《伤仲永》。这位名叫方仲永的神童，出名不可谓不早，但此后最该沉潜的岁月里，却四处赶场，终至泯然众人。

每当我想离开书房，离开书本的时候，都会想起这个故事。

练好内功，你的成功，才会无中生有，变水为酒。

06　常思本来我无，方知人生皆得

> 幸福，就是不想改变。而痛苦，就是改变不了。从容点，不较劲，微笑，忍耐，怎么都行，爱咋咋地，跟谁都不急，看啥都顺眼，每年玩四个月，不比。

少文老师：

又是一年除夕夜，每年这个时候都会特别兴奋，人嘛，总会在辞旧迎新的时候总结一下过去，畅想一下未来。还记得去年除夕夜的时候，我的新年愿望就是来年能够通过司法考试，保送名校研究生。现在，这两个目标都已经实现了。少文老师，不知道您的新年愿望是什么，能说来听听吗？

——欣怡

欣怡同学：

你好。

新年，当然有愿望的。

不过，今天醒来，我第一个想到的，却是10年之前的那个除夕。

那一年，我读博二，刚刚结婚，爱人怀孕已经6个多月。我们一起回她家过年。

但我怎么也想不到，那一年的除夕之夜，我居然是在医院里度过的。

从几天前开始，我的胸口就开始隐隐作痛，到了除夕，这种疼痛就更加难以忍受。春晚开始时，我再也无法坚持，身体和头部不能有任何的动作，否则就会引来一阵钻心的疼痛。为了不让她家人发现，我一个人到阳台假装发短信，豆大的汗珠和极度痛苦时留下的眼泪搅和在一起，伴随着窗外新年的鞭炮声，一种难以形容的滋味在心头翻滚。

我没有告诉他们，因为岳父中风，全家都在为他操心，此时刚刚有点起色，我不能在这个时候给他们添乱。但因为我无法掩饰痛苦的表情，最后还是被他们发现了。在家人的强烈要求下，小舅子主动陪我去医院检查。

好不容易拦了一辆的士，到了当地的市立医院。经过心电图和胸透的检测，内科门诊的医生得出的结论大大出乎我的意料。

医生说，我的心脏检测数据偏低，结合我的临床症状，他认为我患的是心肌缺血，很可能是冠心病。这种病一般中老年人群比较高发，死亡率很高，而且变化很快，可能是平时工作和精神压力过大的缘故，千万不可大意，医生强烈建议我住院观察治疗。

看到我面露为难之色，医生语调突然变得十分严肃，

"如果你不接受我的建议,一定要签字证明是自己不愿意住院,如果出现任何后果,医院概不负责"。医生见我仍在犹豫,又加了一句话,让我当时心情差到了极点,"如果不是情况特殊,我绝对不会在除夕之夜说这样不吉利的话,我以十几年职业经验负责任地告诉你,拒绝治疗的后果会非常严重,很多后来出事的都是你这样麻痹大意的患者"。看他斩钉截铁的态度,我一时也没了主意。医生马上给我开了一剂扩张心血管的药物,让我先去打针,不过幸亏当时药房已经没有存货,无法注射,只能先安排住院。

小舅子偷偷给家里打了个电话,爱人挺着肚子,很快就赶了过来。陪我先办了入院手续,住进了病房,推门进去的时候,发现同病房的病友几乎全都是70岁以上的老人,就我一个30岁的小伙子。

由于爱人有孕在身,不能熬夜,12点一过,我还是让他们先回去了。临走前她留下两句话:我命很好,不会有事,即便有事,她砸锅卖铁也要把我病治好。当时,一句话瞬间涌到我的脑海里:所谓亲情,就是分担彼此的命运。

晚上我一个人待在病房里,忍受着剧痛的折磨,独自一人打着点滴,直到凌晨4点。就这样睁着双眼,听着窗外的鞭炮声,度过了这个特殊的新年。那一个未眠夜,我一个人躺在床上,想了很多很多。

"常思本来我无,方知人生皆得。"那晚几乎所有的祝福短信,我都用这句话回复。没人知道,发送短信的地点,居然是除夕夜的冠心病病房。

这是那个除夕,上天给我的礼物。

幸运的是,第二天一早,爱人过来陪我做了一系列检查之后,终于排除了心脏疾病、颈椎疾病等诸种可能,几瓶药水打完之后我也渐渐止痛,最后证明,不过是一次较为严重的落枕而已!

不过,我还是应该感谢这个除夕夜的遭遇。它让我深刻体会到,正如没有消息就是最好的消息,没有愿望,就是最好的生活。

杨绛在《我们仨》一书中描绘了她和钱锺书二人的晚年生活:早起豆浆油条,下午读书写字,晚上散步。

幸福,就是不想改变。而痛苦,就是改变不了。

去年除夕,我倒是许了愿望,贴在微博里。今夜,重贴一次,送给大家,算是我的新年祝福,送给所有法科生以及非法科生:

从容点,不较劲,微笑,忍耐,怎么都行,爱咋咋地,跟谁都不急,看啥都顺眼,每年玩四个月,不比。

没有愿望,而有闲暇。2月,可观杨德昌、听马友友、读崔卫平。

愿天下无愿!

07 "学一行"就得"干一行"吗?

> 在人生道路的选择上,不要试图去调和工作和兴趣的矛盾。否则,你就要在工作之外不断开辟第二战场,来平衡工作带给你的压力和挫败感。如果专业带给你的是一种思维方式的话,即便改行,这种学科思维也仍将伴你终身,成为你的比较优势,又怎么谈得上所谓的浪费生命呢?学一行,就要干一行,这是一种将错就错的择业思维。

少文老师:

我今年大四,马上就要毕业了。不瞒您说,其实我自己一点都不喜欢法律,这4年也不知道是怎么熬过来的。我一看法条和案件就头疼,但是一接触艺术、策划类活动就会特别兴奋。最近,有一家世界500强给我发了offer,待遇也好,也是我喜欢的工作类型,但不是法律岗位。有同学劝我说,如果就这样改行,大学4年法律就白学了。我觉得说得也有道理。所以很纠结毕业后是和大家一样考公、检、法,继续从事法律工作，还是干脆换一个完全不同但却适合自己的行业从头开始。很想听听您的意见。

——元静

元静同学：

你好。

你的逻辑是，"学一行就要干一行"。只有这样做，过往投入到学习上的时间才不至于浪费。

可是，这个逻辑真的成立吗？

专业和工作并没有也不应该有必然的对应关系。

照你的逻辑，学了刑法，就一定要做刑事案件，学了民法，就一定要做民事案件，那学了法制史，就只能代理唐朝的案件喽？习大大也不是主席专业毕业的吧？

而且，如果当初选择法律对你而言本就是个错误，仅仅为了不浪费这4年的时光，就继续这条错误的道路，一直做自己不喜欢的事情，你觉得，这种"错上加错"的结果就会"负负得正"吗？你是否会因为坚持一个错误的道路而最终成为人生赢家呢？

你已经知道自己肯定不喜欢法律了，现在要做的，仅仅是判断你更适合什么。

怎么判断？

你可以通过实习、游学、培训等各种机会把自己置于某个行业的工作情境之中，然后不断审视自己的第一反应是否和行业的要求合拍。如果基本合拍，就说明你可能非常适合这个职业。但如果你的反应几乎总是和正确的做法背道而驰，需要不断调整自己的思维才能适应行业逻辑的话，也许，这并非你最适合从事的行业。

优秀的人，一定都是靠直觉去工作的。

难以想象，你的第一反应全是错的，而能仅靠对自己的不断提醒来保持自己的优秀。

早点选择最能让你兴奋，同时又符合你天赋的职业，发挥你最大的直觉优势。这样的生活，不仅不累，还会有最大的成就感。

而改行本身，不应该成为你纠结的原因。

都什么时代了，改行算多大个事呢？！

前两天，我在一个群里发了一个信息，我说暑假要带团去欧洲游学，一路讲解法律文化。届时，我会专门提到欧洲历史上许多不务正业的法律人。

一位朋友马上接话："那不就是说我们自己吗？"

我笑答："但是那些不务正业的法律人，后来无一例外都在他们选择的领域里大放异彩，成为大师，所以，不是在说我们。"

我们仅仅是不务正业而已。却不会进入历史。

在人生道路的选择上，不要试图去调和工作和兴趣的矛盾。否则，你就要在工作之外不断开辟第二战场，来平衡工作带给你的压力和挫败感。

可是以下这些改行的法律人，却无一例外都在自己选择的领域里成为璀璨星河中最耀眼的星光：格林兄弟、歌德、舒曼、柴可夫斯基、西贝柳斯、村上春树、马蒂斯、伦勃朗、塞尚……

就拿塞尚来说吧。

当年,和你年纪差不多大的塞尚也面临着人生道路的选择。

从法学院毕业后,究竟是按部就班地去做埃克斯地方法庭一位普普通通的出庭律师,还是按照内心的呼唤,去开拓前途未卜的艺术生涯?

他的选择,将影响西方艺术史的走向。

塞尚从小就被身为银行家的父亲告诫:"孩子,想想未来吧。人会因为天赋而死亡,却要靠金钱来生活。"

出于父母的意愿,塞尚进了埃克斯-马赛第三大学,一所不折不扣的双一流大学学习法律。

但是,在读大学的时候,塞尚和你一样,对法学始终提不起任何兴趣,用他好朋友左拉的话说,他和法学,在彼此折磨。

每到课余时间,别的同学都去法院、律所实习,只有他,跑到旁边艺术学院的画室里学习绘画。

他几乎每天都和左拉抱怨,家里逼迫他学习法律,几乎扼杀了他所有文学和艺术的天赋。连法律人奉为圣经的《法学汇纂》,在塞尚眼里,也只是一堆毫无价值的垃圾而已。他甚至对这本经典著作发出了这样的感慨:"要是地狱还有一个位置的话,上天啊,把《法学汇纂》的主编投进去吧!"

可是,尽管塞尚非常清楚自己的天赋在艺术一边,但和你一样,他生性纠结,仍然无法对自己的人生作出果断的决定。

幸亏有了左拉。

左拉的命运和塞尚恰好相反。他7岁丧父,为了维持生计,不得不在海关谋了个职位,每日要花大量的时间去做琐碎的事情。但是当他发现了自己写作的天分之后,就毅然决然地辞去了这份工作,而开始了更为贫穷但也更为专注的写作生涯。饿了甚至就用抹蒜泥的面包蘸点植物油来充饥。

但就是这样一个自己都处在饥寒交迫之中的作家,却给塞尚写了一封足以改变艺术史的信件:

> 我要是你,就会孤注一掷,不在画室和律师席这两种截然不同的未来之间漂移不定……两者只能选其一,要么就当真正的律师,要么就当真正的艺术家。不过,请别成为一个穿着被颜料弄脏的律师服的无名小卒![1]

后来的后来,就是大家都知道的故事。

塞尚,终于成为后期印象派的代表人物,而他早年就读的大学,现在也改名为塞尚大学,来纪念这个不务正业、从法学院毕业却根本没有从事法律工作的毕业生。

当然,你也可能会说,你没有塞尚那样的天赋,即便改行,也不能保证自己一定会在另一个行业里作出成绩。

那也没关系,跨界总会让才智平平的你获得另一种优势。关键看你是不是善于利用这种优势。

你既然是学法律出身,一定知道法律经济学这个流派。可你知道,这个学派的源头在哪里吗?

---

[1] 参见林海:《萨维尼从巴黎来的信》,法律出版社2015年版。

对，是芝加哥大学法学院。但你可能不知道的是，当年无意之间开辟了一个新的学术流派的学者，竟然是在经济系混不下去的青年教师西蒙斯。

在经济学历史上默默无闻的西蒙斯，却在法律经济学领域里作出了开拓性的贡献。

他是著名经济学家奈特的学生，但在学术上却表现平平，留校任教后长期没有学术论著问世，以至于经济系很多教授强烈反对续聘西蒙斯，这其中就包括著名的经济学家道格拉斯。

后来，幸亏法学院向他伸出了橄榄枝，才化解了这场个人事业发展中的尴尬局面，也让他成了第一个在法学院教书的经济学家。

但是，让人万万没有想到的是，这件事居然无心插柳柳成荫。本来在经济学研究中没有任何突出天赋和贡献的西蒙斯，一到法学院，就将经济学这门学科的独有思维方式和法律现象加以结合，开了一门《公共政策的经济学分析》的公选课程。而后来，竟然从这门课开始，发展出了对后世影响巨大的法律经济学流派。

所以，你看，如果专业带给你的只是知识和信息，那毕业后不做与专业相关的工作，当然是对生命的浪费。但如果专业带给你的是一种思维方式的话，即便改行，这种学科思维也仍将伴你终身，成为你的比较优势，又怎么谈得上所谓的浪费生命呢？

学一行，就要干一行。这是一种将错就错的择业思维。

你要的是对自己的高配，而不是别人眼中的标配。

孔老夫子早就对他的弟子们说过:"毋固、毋必、毋我。"
不要觉得,你的人生一定要怎样过。
祝好!元静同学。

08 未选择的路

> 世上从来就没有垃圾,只是有许多善于发现垃圾的眼睛。要从你拥有的东西中发现它的价值,而不是不断去设想被你放弃的道路上可能错过的风景。人生的痛苦莫过于在选择一条道路之后,不停地去想另一条道路上的可能性。

少文老师:

我看了上周你写的《给法科生的信》,在信里,你提到了左拉劝说塞尚放弃法学专业、勇敢追求自己梦想的故事,对我很有启发。我个人的经历和塞尚非常相似,只不过恰好相反,塞尚是放弃了法律而选择了艺术,我是放弃了艺术而选择了法律。我一直都想做一名律师,但是在转行学习法律之后,我又经常纠结自己的选择是否正确。因为原来学艺术的同学现在都发展得很好,就我一个还在紧张地准备司法考试,而且连考了两次都没有通过。虽然我也知道,人不能患得患失,但确实会经常设想,如果当初没有转行,现在会不会生活得更好一些？想听听少文老师的意见。

——佳文

佳文同学：

你好。

你既然知道塞尚的故事，我们就接着上周的话题继续聊塞尚退学以后的事。

其实，塞尚只是不适合法律而已，但这并不表明，他就非常适合艺术。

如果你以为放弃了法律就能成就艺术，这种因果关系也确实简单得有点不真实了。

更可能出现的情况是，放弃的真的放弃了，追求的，却最终也没有实现。

你知道塞尚后来的命运吗？换了是你，估计要比现在痛苦一万倍。

众所周知，塞尚和梵高、高更并列为后期印象派的三大主将。

但实际上，塞尚生于1839年，比高更要大9岁，比梵高要大14岁。即便是早期印象派的莫奈和雷诺阿，塞尚都要比他们大一两岁。

可为什么塞尚居然不是早期印象派，而偏偏成了后期印象派的代表人物呢？

真相是：他走上艺术道路以后，一直没有找到感觉。

1874年，第一次印象派画展他就参加了，可那次画展成就了比他还要小的莫奈和雷诺阿，而他却一幅画都没有卖出去。

这不仅仅是一两次运气不好而已，事实上，塞尚连续走了几十年的霉运。他的早期画作，一直都很笨拙，和他本人的个性一样，他根本就没有因为放弃了法律而成就了自己的艺术。相反，他跌入了另一个谷底。

这个时候，他的好朋友左拉却已经完成了失败者逆袭的整个过程。

本来是个穷小子，放弃海关小职员的工作，在失业状态下拼命写作，后来却功成名就，开始拿着相当不错的版税，跻身著名作家的行列。

而作为富二代的塞尚，此时却连一幅画作都卖不出去，参加巴黎的社交沙龙，也屡屡因为自己普罗旺斯的家乡口音而遭受嘲笑。

两人都作出了听从内心的人生选择，却走上了完全不同的人生道路。

左拉因为事业的成功，而经常在塞尚办完画展之后偷偷地购买几幅来安慰和鼓励自己的朋友。但是站在塞尚的视角来看，这其实非常伤害自尊。

因为这种微妙的心理变化，两人之间因为一件小事而终结了彼此之间的友谊。

左拉以塞尚为原型创作了一部小说，主人公非常用功，每天都坚持作画，却没有任何才气。新书出版后，左拉还专门送了塞尚一本，本来就已经非常敏感的塞尚自然会感觉不爽，联想到自己和朋友境况的变化，他决定离开这个让他伤心绝望的巴黎，回到自己的家乡普罗旺斯。

那时的塞尚，不知道会不会和你一样，后悔当初放弃了父亲为自己设计好的人生模板，而走上了这样一条命运未卜的不归之路。

我猜，他不会。

放弃一个你并不喜欢的东西，它的价值并不取决于你能因此而换取到别的什么东西。

放弃本身就是价值。

张爱玲在小说《半生缘》里有一句夺人眼泪的经典语句：世钧，我们回不去了。

其实，比这更能震撼内心的说法应该是：我们再也不回去了。

塞尚没有沉浸在自怨自艾的情绪里，他选择了对生活的另一种理解。

他开始观察家乡的所有普通人，画他们喝啤酒，画他们打牌，画他们发呆。

画所有那些在年轻人看来似乎毫无价值的生命。

在巴黎闯荡受挫之后回到家乡，再次看到这些平凡的生命，他突然生发出对人生和艺术的另一种理解。

他不再选择绚烂，而是开始试图理解平凡。

他开始不断地去画自己的太太，虽然她既不漂亮，也不活泼，但塞尚却从她的中年一直画到了老年。

如果放弃法律就必须成就艺术的话，我想此时的塞尚，一定会充满了对世界的怨恨，而不会选择平静地再现身边这些平凡的生活。

世上从来就没有垃圾，只是有许多善于发现垃圾的眼睛。

要从你拥有的东西中发现它的价值，而不是不断去设想放弃的道路上可能错过的风景。

后来的后来，才是我们上封信里提到的结局：塞尚在1895年前后终于在艺术上臻于成熟，成为"现代绘画之父"，他所辍学的那所大学也最终改名为"塞尚大学"，来纪念这位没有从法学院毕业的法科生。

也许，上苍正是在你勇于放弃之后，给你预备了一份丰盛的礼物，使你理解生活，而最终完成自己。

你听说过罗伯特·弗罗斯特吗？

他生于1874年，卒于1963年，是20世纪美国最受欢迎和爱戴的一位诗人。1912年，他弃农从文，成为一名专业诗人。他曾在1961年时受邀在肯尼迪总统的就职典礼上朗诵他的诗歌《献礼》(The Gift Outright)。而《未选择的路》(The Road Not Taken)则是他最为著名的一首诗歌。

> 黄色的树林里分出两条路，
> 可惜我不能同时去涉足，
> 我在那路口久久伫立，
> 我向着一条路极目望去，
> 直到它消失在丛林深处。
> ……
> 一片树林里分出两条路，
> 而我选了人迹更少的一条，

从此决定了我一生的道路。[1]

在你这种人生阶段,纠结于"未选择的道路",其实是非常正常的。

中国历史上著名的"自私派"鼻祖杨朱也曾有过歧途而哭的典故。

《荀子》记载,杨朱曾经在岔路口因为无法抉择而号啕大哭。"杨朱哭衢涂,曰:'此夫过跬步而觉跌千里者夫!'哀哭之。此亦荣辱安危存亡之衢已,此其为可哀甚于衢涂。"

王先谦在《荀子集解》中对其解读说:"喻人一念得失,可知毕生,不必果至千里而觉其差也。"[2]

正是因为路径依赖,选择之后无法倒退,而道路的尽头又是人生的最终归宿,选择不当则会后悔莫及,所以一个对天下毫不挂怀的人,在牵涉个人选择的时候竟然如此动情。

其实,不只杨朱,魏晋时的阮籍也有歧途而返的著名故事流传后世。

《晋书·阮籍传》载:"时率意独驾,不由径路,车迹所穷,辄恸哭而返。"常乘鹿车,携酒一壶,边走边喝,使仆人荷锸相随,告之"死便掘地以埋"。杜甫因此写下"茫然阮籍途,更洒杨朱泣"的凄美诗句。

可见,不论是重天下之义还是重一己之利,不论是举

---

[1] 译者:孙周兴,男,浙江绍兴人,哲学博士,现任同济大学德国哲学研究所教授。
[2] 参见(清)王先谦:《荀子集解》,沈啸寰、王星贤整理,中华书局2012年版。

止乖张还是行为拘谨,在面临个人前途时,都是不尽洒脱的。

但是,人生总归要上路,我喜欢,如行者隐匿在林路。读书时,也喜欢偏坐一隅。

也许,人迹罕至的道路,别有气象。

人生的痛苦莫过于在选择一条道路之后,不停地去想另一条道路上的可能性。

风景这边独好!

祝好!佳文同学。

09　法律人的知识沙文主义

> 任何一次读书都是对自身气质的平衡而非强化。重点不在阅读对象,而在阅读比例。鸡汤本身没有对错,错在你分配给它的时间。如果你成天都待在鸡汤里,只能说明,你就是一只鸡。
>
> 知识分子最应该修习的其实是两点,第一,不要太相信自己正确;第二,不要太认为自己重要。前者是自由精神,而后者是豁达胸怀。

少文老师:

昨天朋友圈被您的新书《心能转境》刷屏了,我也迫不及待地买了一本,此时已经沉浸在阅读的享受之中了。不得不说,您书里很多句子像被上帝吻过一样,道理晶莹透亮,我忍不住想和朋友分享其中一些精彩的段落。但没有想到,有一个朋友竟然看都没看,就直接回复我说,对这类鸡汤文字没有任何兴趣。瞬间,我就石化了。我一直把他当密友,但这一刻似乎宣告了我们并非同类。少文老师,为什么总有一些人,会用这种贴标签的方式决定自己对万物的态度呢？

——芳菲

芳菲同学：

你的朋友对我的新书是什么态度，其实并不重要，但他的逻辑却反映了一种普遍的思维方式，因此有拿来说说的必要。

看过法国戛纳电影节金棕榈获奖影片《冬眠》吗？

这是一部土耳其影片。退休演员艾登经营着一家小旅馆，闲来无事时，他会在旅馆外四处走走，或者与住客聊天。冬天来临，白雪覆盖大地，旅店成为一座舞台，开始上演各种悲欢离合。

艾登和年轻妻子尼哈尔生活在一起，但二人的夫妻感情已经不复当初。艾登的妹妹也沉浸在离婚不久的痛苦之中。三人经常发生无尽的争吵。

影片长达196分钟，台词量远超一般电影，仅是三人的争辩就能占去一个小时的时间。但也正是这些台词，准确地传达出了影片人物的内心状态：傲慢、自尊以及深刻的自卑。

例如，旅馆主人对房客摩托车骑士强调："我是戏剧演员，不是演员。我从未接演过任何肥皂剧，即便是酬劳不菲。所以，我不是演员。"

你看，刻意要在戏剧演员和演员之间画上一条清晰的界线，来表明自己并非俗人。外人，已经能准确地捕捉到旅馆主人渴望外界承认的内在心理。而当事人却浑然不觉。

可没有想到,房客比他还要矫情。本来非常普通的一段日常对话,硬是被两个有着同样心理需求的人变成了一次人生哲学宣讲会。

老板问房客:"你住几天?"

房客答:"不知道,计划,不是我的人生。"

老板问:"你去哪里?"

房客答:"不知道,看路把我带去哪里。"

拜托!人家只是随口问问你的安排,谁关心你的人生了?!

抓住任何一个机会,去展现自己和俗世的不同,往往会用力过猛,暴露自己内心的缺失。

这种心态的人,相信你我都遇到过不少。

我身在学界,见过更多。

曾经有一个朋友和我一起出差,经过机场书店时,我说我想进去挑本书,带在路上看。

他突然来了一句:"这种机场书店的书,都是垃圾,我从来不看。"

好奇怪啊,你突然冒出这句话,好像是在宣示自己的品位,和我有着本质的不同。但是,你看都没看,怎么就如此武断地认为里面全是垃圾书呢?

我本来应该好好配合,以满足他炫耀的心理。可我不懂事,非要怼他一句:"你看,你最近正在读的《耶路撒冷三千年》这里就有卖哎。"

他白了我一眼，不再搭理我。

我进了书店，买了那本《耶路撒冷三千年》。

一路阅读。

文化人詹宏志曾经提出过一个概念，叫"人文沙文主义"，大体能够反映这种知识分子心态。读卡尔维诺的看不起读古龙的，读吴晗的瞧不起读当年明月的，读费里德曼的看不上读易中天的。

这种心态的知识分子认为，书有高雅和庸俗之分，只有用严肃的学术语言包装的才能称之为好书，而一般大众读物，无论它是否能给人提供认知所需的营养，都会一概被视为垃圾和快餐，因而不屑一顾。

其实，知识，真的有高雅和庸俗之分吗？

梁文道反问，那些为了晋升职称而敷衍撰写的高头讲章，让人看了以后丈二和尚摸不着头脑的学术著作，难道不庸俗吗？

老板手上有钱，因而瞧不起那些没钱的人。

官员手上有权，因而瞧不起那些没权的人。

学者手上有知识，因而瞧不起那些没有知识的人。

这样的学者，和我们所讨厌的那种老板和官员，真的有什么本质的区别吗？

这背后的心理，不都是一种有什么就炫耀什么的沙文主义吗？

无论你承认与否，这的确是一个浅阅读的时代。

但，又如何呢？

一个浅阅读的时代，也要远胜过零阅读的时代吧？

人们在本可以唱卡拉OK、打麻将度过的周末，躲进书店去翻看那些通俗的经典解读书籍的时候，我们为什么要对这些人升起鄙夷的态度，而不是由衷的赞美呢？

还是梁文道更具一个知识分子应有的境界，他曾说：一个人，他看不懂任何更深入的学术著作，他只看于丹的书，只看易中天的书，这不是一种错误，更不是不道德，这很可能只是一种不幸。[1]

他们因为家庭教育的关系，因为经济条件的关系，从小到大，都没有培养起一种直接阅读经典的能力。所以他们没有办法一上来就去看杨伯峻的《论语译注》，但翻翻《于丹〈论语〉心得》来亲近一下经典又有何妨？

会有误读？拜托！他如果不愿意亲近经典，连误读的机会都没有呢。

可如果他由此爱上了经典，在此后的逐渐深入的过程中，他的阅读史会帮助他进行自我纠错。

我曾经在学校做过一次读书方法的讲座，提问环节，有学生问我，如何看待鸡汤文学。

我回答："任何一次读书都是对自身气质的平衡而非强化。重点不在阅读对象，而在阅读比例。鸡汤本身没有对错，错在你分配给它的时间。如果你成天都待在鸡汤里，只能说明，你就是一只鸡。"

为何要把责任都归于外界呢？

---

[1] 参见梁文道：《我读》，上海三联书店2010年版。

我的朋友圈里有很多律师，经常会看到他们转发一些励志文字，然后语意尖刻地表明自己反鸡汤的态度。

我每次都觉得，这种表态，用力过猛了。

是为了证明自己足够理性和睿智，不再有人生困惑？

还是自己内心其实需要点赞的安慰和肯定？

你已经成功地度过了青年焦虑，步入中年危机。你可以寻找宗教作为自己的心灵驿站，为何年轻人就不能拥有自己的精神慰藉？

不喜欢，屏蔽就好，何必非要"反鸡汤"呢？

每个人的童年都需要童话，但是，我们需要去"反童话"吗？

那只是每个阶段不同的心理需求罢了。

保胎药对你没用，但它很有用。

在自己高深的时候，允许别人庸俗。在自己哭泣的时候，允许别人高歌。就像在自己加班的时候，允许别人下班。

这不正是知识分子追求的自由的真谛吗？

你知道希腊哲学的三个发展阶段吗？

最早的米利都学派、毕达哥拉斯学派，旨在关注世界的物质和精神本原的问题，哲学家每天思考的，就是世界是由哪些基本质料组成的，这一阶段被称为自然哲学阶段。

到了智者派和苏格拉底时期，柏拉图和亚里士多德时期，希腊哲学开始从关注自然转向关注人生，他们开始关注善与美德，由此进入道德哲学阶段。

而到了希腊化时期，随着希腊城邦制度的瓦解和东方财富大量涌入希腊，哲学家们开始关注现象世界的感官享乐，对终极真理和形而上学不再像以往那样有浓厚的兴趣，哲学家们开始把眼光投射到对人生意义——快乐与幸福——的思考之上，由此开辟了希腊化时期的人生哲学阶段。

也正是在这个阶段，诞生了"鸡汤文学"的鼻祖——伊壁鸠鲁主义和斯多葛主义。

著名的西塞罗不就有一本《有节制的生活》吗？还有温家宝非常爱读的奥勒留的《沉思录》，都是对人生重大问题的哲学思考。其实，本质上，都是现在有些知识分子反对的鸡汤。

所以，不要被概念遮蔽了自己的双眼。

鸡汤和哲学本质上都是对生命困惑的解答，区别仅在于浓淡不同。

凡人的思维有自我保护的倾向，批量的智慧使它不安。我们的胃消化不良，只能吸收稀释的思想。

把人生哲学稀释，就有了鸡汤文学。

当你想反对一本书的时候，就会说它是鸡汤。可当你想拥抱一本书的时候，你会说它是哲学。其实，你反的，是自己给事物贴下的标签，而不是事物本身。

法经济学界有很多理论大咖，如科斯，如波斯纳，如卡拉布雷西，但谁也不能否认，一个叫作 Henry G. Manne 的人为这个学科所做的贡献。

他虽然没有什么传世之作，但他组织的法经济学培训，却为这门学科的普及立下不世之功。在几十年的时间里，许多法学和经济学教授、顶尖律师以及有影响力的政府官员都参加过这个培训项目。对联邦法官的培训直到现在还在继续，全美至少有 1/3 的联邦法官都曾参加过这个培训项目。可以想象，他所普及的经济学知识对这个国家法官的裁判会产生多么巨大的影响！作为理论家的科斯，一定不会贬低 Manne 作为传播者的贡献。

知识分子最应该修习的其实是两点：**第一，不要太相信自己正确；第二，不要太认为自己重要。**

前者是自由精神，而后者是豁达胸怀。

可是，很多知识分子，书读得越多，越会丧失二者。

我常说一句话："这个世界上从来就没有垃圾，但却有很多双善于发现垃圾的眼睛。"

希望你的朋友不会因为自己的成见而错过诸多世间的美好。尽量用平和的眼光去看待周遭的一切，激烈的情绪，要越少越好。

最后说一句，有的鸡汤，真的毫无逻辑，害人不浅。

但我绝不会因此否定所有的心灵文字，否定人们对于精神世界的追求。

不要用概念来处理自己和世界的关系。

10　让你兴奋的，终将落地

> 你误会了落地的意思。所以，会有终身难以摆脱的学习焦虑。而我在学习中，体会到的永远都是快感。
>
> 在你的词典里，必须解决一个问题，才算是落地。而在我的词典里，只要能解释一个事物，就是落地。

少文老师：

前段时间，按照您的建议，我特意去拜访了一位牛人，并参加了他的思维类课程。客观地说，他的课程非常精彩，很多认知都给我很大的冲击。但是，不知道为什么，每次有了醍醐灌顶的感觉之后，我都会立即陷入一种心理上的焦虑。我急于在他所说的思维方法和自己的现实问题之间建立起联系，试图让他所讲的东西立即落地，但是每次在迁移的过程中总感觉使不上劲。这种焦虑感越来越强烈，因为总是看不到落地的效果，甚至影响到了我进行思维学习的热情。我想请您帮我分析分析。

——其仁

其仁同学：

首先恭喜你在这样的年纪，就有亲身感受顶尖思维的机会。

在我看来，一个人的能力谱系，按其重要程度排序，依次应当是——格局、思维、知识和技能。

但一个人的学习需求强度，却往往正好相反，实际依次是——技能、知识、思维和格局。

甚至，很多人只会关注实用的技能和知识，而对于思维和格局学习的必要性，往往视若无睹。

原因也很简单，因为前两者，会经常对我们形成即时而强烈的负面反馈，所以，自然会激发起学习的实在欲望和强烈冲动。

比如，律师在不断被法官打断发言后，会痛下决心学习庭审技巧。

比如，销售在不断和客户报价却丢单后，会振作精神去学习谈判技巧。

因为视野和环境，人们所感知到的竞争差距，都是因技能和知识的差异造成的。而人们所感知到的职场压力，也往往是技能和知识的不足带来的。

人们很难认识到，导致自己在具体工作中频繁受挫的根本原因，其实在于底层思维系统的陈旧与落后。

头疼医头、脚疼医脚式的学习，其实都是在水平面上的竞赛突围，却忘了人生的瓶颈往往来自纵向层面的破局升维。

那些有着不同思维格局的竞争者，早已进入更高的维度，从而在我们的竞争视野和周围环境中消失，因而从未对我们造成压力。

同一件事情，不同思维的人会作出不同的决策。

而人生，只要经历五次以上这样的决策差异，人与人之间，就已经分出不同的竞争环境和生存层次。

国内某著名创业家亲口告诉我，他一生最大的感受，就是——人与人的区别，不在起点，而在拐点。

而最可怕的是，这种最为根本的竞争力差异，却往往处在没有任何即时负面评价的零反馈场景之中。

几乎没有人像法官和客户一样及时警醒我们，是思维而不是技能，让我们深陷发展的瓶颈。

正是因为这种不自知，让绝大多数人的学习，在技能层面勤奋到猝死，却在思维层面懒惰到瘫痪。

这，就是我力主你们在青年时期，注重提升格局和思维的根本原因。

所以，恭喜你迈出了可贵的第一步。

但是，如你所说，新的问题也接踵而至。

让你感到兴奋的认知，同时也因为无法落地而催生了焦虑。

我的答案非常简单——让你兴奋的，终将落地。

就好比你有幸和股神巴菲特共进午餐，但只有短短的半个小时，你是想听他讲具体的理财知识，还是希望能学到他与众不同的思维模型？

这个机会，相信你肯定不会浪费在听那些马上就能落地的所谓知识和技能上吧？那种对话只能保证你餐后买对一只股票，却不能让你在离开巴菲特的日子里，一直作出正确的决策。

为什么要执着于马上落地呢？

如果我有一天给你的账户打了一个亿，你是应该为终于有了一笔巨款而感到兴奋，还是在收到这笔巨款之后，为怎么花费而感到焦虑？

只要我能够听到一种闻所未闻的认知思维，只要我能确保它在将来对我的行为起到指导作用，就像账户上突然多了一笔巨款一样，只会让我沉浸在巨大的欣喜之中，然后在将来某一日落地运用的时候再度兴奋。这种认知的学习，可以让我体验两次快感。

而你，在听到的时候就开始焦虑，然后在接下来的日子里，每天都因为暂时找不到落地的方法而持续焦虑，难道我们学习的目的，就是收获焦虑？

飞往圣地的飞机都起飞了，居然还在担心落不了地？！

套用著名作家熊培云的一段话，学习思维模型，就像农业时代的耕种一样，往往三月播种，十月才能收获，而我们大多数人，却守着四月的土地哭泣。

哭什么呢？你需要做的，仅仅是不停地施肥浇水，去改变土壤的性质和肥力，然后需要做的，就是耐心地等待。

让农业社会的祖先辛苦劳作的，不是勤劳的品性，而是对秋天的信心。

还有，其仁同学，你也必须清楚，有些学问，本身是不负责落地的。我们不能在求知的时候，对任何事物都抱有同样的期待。

当年花了我们最宝贵青春所学习的数学，能落地吗？

不能，数学是基础学科，它给我们的仅仅是一套数理思维的训练，然后，让我们可以带着这套训练，进入物理、化学等应用学科，由后者负责落地。但你不能因为是物理帮你解决了具体问题，而回头抱怨数学无用。

这是数典忘祖，是过河拆桥，是对数学不公平的指责与迁怒。

再如，让很多人兴奋莫名的王者荣耀，得到了无数玩家的推崇和追捧。但是，我们对于支持这个游戏运转的操作系统，却极少给予同样的关注和重视。

对，思维工具就像电脑的操作系统，它本身没有作用，但是没有它，任何软件都将没有作用。

我们经常更新电脑操作系统，但为什么从来不去更新底层思维系统呢？

如果我们不去更换一套思维体系，你没觉得，我们接受很多新知识和新技能的速度，也会如过期的电脑一样，需要不断缓冲、反应迟钝吗？

你还记不记得，有一次，你找我聊天，说某位经济学家的话给了你很大的启发，对你的一生会产生巨大的影响。我当时告诉你，你真正应该感谢的可能不是这位经济学家。因为很多同学也看了那么本书，但对这句话却毫无感觉。

为什么偏偏对你有这么多触动和启发，你想过没有？

答案很简单，是因为你在中学时代就很喜欢读理论著作，康德、黑格尔的书也被你当小说一样翻阅，久而久之，这种抽象阅读所形成的理论和思想的敏锐程度，就和其他人有着天壤之别，所以，才在十几年后的某一天，让隐藏在几十万字之中的这句话一下子击中了你的心灵。

是康德，是黑格尔，是当年这些"无用"的阅读和思维训练，才让你和这句话不期而遇的啊！

你真正要感谢的是谁呢？

康德和黑格尔落地了吗？

落了，只是当有一天真的落地的时候，我们已经想不起来，应该感谢的人究竟是谁了。

但他们这么多年来，一直在帮我们改造大脑的土壤，从寸草不生的盐碱地，改造成了肥沃富产的北大仓，任何种子播种下去，都可以疯狂地生长。

人们经常问我，对我一生影响最大的是哪本书？

其实，标准答案应该是《新华字典》，没有它，我不可能读任何其他的书。但是，谁又能在回答问题的时候，想到这个最根本的答案呢？

所以，着什么急呢？

思维是渐修，落地是顿悟。

每个人缘分不同，悟道和落地的时间差也不相同。我不排除有个别天才在悟道的当时就能落地，这种人经验丰富，大脑运转速度也极快，但这种机缘可遇不可求。绝大部分人，都需要漫长时间的等待，才能有朝一日，化为己用。

刚学会扎马步，脑子里想的就是下山云游、比武招亲，进而洞房花烛，欲望太盛防肠断啊！

最后，但是可能最重要的一段话，送给你。

你误会了落地的意思。

所以，会有终身难以摆脱的学习焦虑。而我在学习中，体会到的永远都是快感。

在你的词典里，必须解决一个问题，才算落地。

而在我的词典里，只要能解释一个事物，就是落地。

任何一个知识，任何一种思维，都可以丰富我理解世界的角度，比如沉没成本，比如增量思维。

无用乃大用。

前一个用是指解决，后一个用，则是指解释。

在其他人看来，不能解决实际问题的东西，在我看来，都能解释这个世界。

如是观之，无一物没有用，无一物不可爱。

学习的时候，我的内心，从无焦虑。

只有对播种的重复，对春天的热爱和对秋天的信心。

祝好。

11　举世非之而不加沮

> 一个人的成熟程度,不是看他面对赞扬时的态度,而是看他面对批评时的心理。佛家所说之"忍辱",是指遇到批评和侮辱,应该心头一念不起,处于"忘忍"而非"力忍"的心理状态。闻过则喜,这是圣人,我们做不到的。但是,闻过不怒,确是我们应该修习的科目。下次再遇到批评,就把它看作赞美,二者都是因为不了解你,其实没有本质的区别。

少文老师:

　　我是我们法学院的学生会主席,这两年来,因为工作出色,几乎把院里和学校能拿的荣誉都拿到了,老师和同学对我评价也都很高。可是这几天,我听到了一些人背后对我的负面评价,说得还比较难听。所以心情有些郁闷。

——陆宁

陆宁同学：

想让所有人都喜欢你，是不可能的。

人们喜欢和讨厌你的理由，往往是一个。

有人说你执着的时候，就会有人说你固执。有人说你果断的时候，就会有人说你武断。有人说你幽默的时候，就会有人说你轻浮。有人说你有情怀的时候，就会有人说你装。有人说你善于把握机会的时候，就会有人说你抵挡不了诱惑。

近义词，其实是反义词。

世界能量是守恒的，你不去标榜前者，就不会有人把你定位为后者。根源还是在自己。

一个人的成熟程度，不是看他面对赞扬时的态度，而是看他面对批评时的心理。

如果你面对赞扬时从来没有觉得有何不妥，那为什么偶尔被人批评几句，就会牵肠挂肚呢？

佛家所说"忍辱"，世人颇多误解，以为就是"忍受侮辱"的意思，其实，忍辱的第一层含义，就是忍受赞美。

德肖维茨说，如果你不想认真对待陌生人的批评，就应该以同样的标准接受陌生人的公开赞誉。反之亦然。

你觉得批评你的人误会了你，可你有没有想过，有的时候，连赞美也是出于误会呢？可那个时候，为什么你又接受得这么坦然，从来不会因此而难以入睡呢？

所以，偶尔有几句批评，那是命中该有，不用成天惦记。

1999年，那时我还在上大学。《中国青年报》上刊登了王朔的一篇短文,题目叫《我看金庸》。王朔用他那股"逮谁跟谁急"的一贯文风,把"四大天王"、成龙电影、琼瑶电视剧和金庸小说,并称为新时代的"四大俗",冷嘲热讽,语言尖刻。

当时我就在想,如果换了是我,看到这种纯粹主观好恶,没有太多客观论证的臧否文字,应否以及如何进行回应?

后来,《文汇报》刊载了金庸对王朔短文的回应,看后令我拍案叫绝,终于在我平淡的大学岁月里,学习了人生的重要一课:如何面对批评。

金庸的回信非常精彩,不妨摘录如下:[1]

一、王朔先生发表在《中国青年报》上《我看金庸》一文,是对我小说的第一篇猛烈攻击。我第一个反应是佛家的教导:必须"八风不动",佛家的所谓"八风",指利、衰、毁、誉、称、讥、苦、乐,四顺四逆一共八件事,顺利成功是利,失败是衰,别人背后诽谤是毁,背后赞美是誉,当面赞美是称,当面责骂攻击是讥,痛苦是苦,快乐是乐。佛家教导说,应当修养到遇八风中任何一风时,情绪都不为所动,这是很高的修养,我当然做不到。随即想到孟子的两句话:"有不虞之誉,有求全之毁。""人之易其言也,无责耳矣。"(有时会得到意料不到的赞扬,有时会遭到过于苛求的诋毁。那是人生中的常事,不足为奇。"人们随随便便,那是他的品格、个性,不必重视,不值得去责备他。"这是俞曲园的解释,近代人认为解得胜过朱熹。)我写小说之后,有过不

---

[1] 参见金庸:《不虞之誉和求全之毁》,载《文汇报》1999年11月5日。

虞之誉,例如北师大王一川教授他们编《二十世纪小说选》,把我名列第四,那是我万万不敢当的。又如严家炎教授在北京大学中文系开讲《金庸小说研究》,以及美国科罗拉多大学举行《金庸小说与二十世纪中国文学》的国际会议,都令我感到汗颜。王朔先生的批评,或许要求得太多了些,是我能力所做不到的,限于才力,那是无可奈何的了。

……

几年前在北京大学作一次学术演讲(讲中国文学)时,有一位同学提问:"金庸先生,你对王朔小说的评价怎样?"我回答说:"王朔的小说我看过的不多,我觉得他行文和小说中的对话风趣幽默,反映了一部分大都市中青年的心理和苦闷。"我的评价是正面的。

四、王朔先生说他买了一部七册的《天龙八部》,只看了一册就看不下去了。香港版、台湾版和内地三联书店版的《天龙八部》都只有五册本一种,不知他买的七册本是什么地方出版的。我很感谢许多读者对我小说的喜爱与热情。他们已经待我太好了,也就是说,上天已经待我太好了。既享受了这么多幸福,偶然给人骂几句,命中该有,不会不开心的。

陆宁同学,如果你还是想不通,不妨把上面这封信多读几遍。

我一直认为,在生活中,很少有真正的敌人,绝大部分人际矛盾都是因为误会和沟通的缺乏,只要我们有足够的智慧,一定可以有机会化干戈为玉帛。

说来也巧,读到金庸这篇文章的时候,我自己正处在类似的困扰之中。

当时我读大三，但已经在当地的省级电台和电视台做了一名节目主持人，因为节目录制的原因，偶尔会缺席学校和学院的活动，因而被人议论为没有集体观念。个别老师对我也颇有微词。我知道这些人是谁，但我首先觉得的确是自己的问题。因而没有什么怨恨的心理。我只是等待一些机会能消除这份误解。

终于，机会来了。

学校一年一度的运动会，我担任运动会现场广播，负责播报每个院系送来的新闻稿。

那位一直在背后说我坏话的同学报名参加了万米长跑。但是，当其他选手全部通过终点，已经结束比赛的时候，他居然还剩整整两圈没有跑完。

可以想象，他如果不结束比赛，接下来的比赛就无法继续进行，在全场观众的眼光之下，他一个人要继续跑完剩下的800米，可想而知是多么尴尬。

我临时决定，放下所有其他稿件，迅速为这位同学起草了一份即兴解说，在广播里带领全场观众为他加油助威，并引用了1968年墨西哥奥运会当中坚持跑完全程的坦桑尼亚选手阿赫瓦里的故事激励他坚持跑完全程。

结果可想而知，我们澄清了误会，彼此成了好友。

佛家讲修习有六度法门，分别指布施、持戒、忍辱、精进、禅定和般若（智慧）。

我们多认为所谓"忍辱"，就是面对侮辱的时候，能够"喜怒不形于色"，"小不忍则乱大谋"，其实这都是对佛教智慧的严重曲解。

举凡"韩信所受胯下之辱"等励志故事，这些都是世间法中的忍辱，都是审时度势之后的暂时隐忍，因而在等待着一次更为猛烈的爆发，而这，绝非佛家所说之"忍辱"本意。佛家所说之"忍辱"，是指遇到批评和侮辱，应该心头一念不起，处于"忘忍"而非"力忍"的心理状态。

凡人当然很难做到，所以，每一次面对批评，都是一次难得的重新认识和调整自我的机会。这叫"历事练心"。

闻过则喜，这是圣人，我们做不到的。

但是，闻过不怒，确是我们应该修习的科目。

我经常说一句话，中国文化的精髓是"老庄"，而中国文化的糟粕是"老庄（装）孙子"。

庄子有一句话说得特别好：

举世而誉之而不加劝，举世而非之而不加沮，定乎内外之分，辩乎荣辱之境，斯已矣。

意思是：全社会的人都称赞墨家贤人宋荣子，他却并不因此而更加奋勉，全社会的人都责难他，他也并不因此而更为沮丧。他能认清自我与外物的分际，辨明荣辱的界限，不过如此而已啊。

下次再遇到批评，就把它看作赞美，二者都是因为不了解你，其实没有本质的区别。

所以，都不要放在心上。

祝好。

12　思想背后的利益

> 批判不是目的，经过反思的接受才是目的。批判性思维，我认为，它首先指的就是这种对思想和利益之间关系的敏锐感知，以及对普世理论的经验怀疑。思想的背后，其实是利益。只是，在你明晰了这个世界真实的利益逻辑之后，不要忘了保有最初的纯真。

少文老师：

我是一名研二的学生，我导师在给我们开读书会的时候，经常告诉我们要带着批判的立场来读书，但是我始终不知道这个批判的立场具体是指什么。似乎懂，但似乎又不懂。您能给我讲讲吗？

——明杰

明杰同学：

你好。

我也曾经困惑于和你同样的问题。

上个月我去昆明出差，顺便去了趟西南联大旧址，在纪念馆里看到一则很有意思的小故事。

当年爱因斯坦发表相对论的时候，还在西南联大读书的物理系两大才子黄昆和杨振宁之间，曾经有过这样一段对话。

黄昆问："爱因斯坦最近又发表了一篇文章，你看了没有？"

杨振宁说："看了。"

黄昆问："如何？"

杨振宁把手一摆，很不屑地说："毫无 originality（创新），老糊涂了。"

年轻的他们，正是意气风发、挥斥方遒、粪土当年万户侯的年纪。

后来，他们果然也成就了自己的一片事业，一个成了中科院院士，而另一个，则成了诺贝尔奖获得者。

当年读博士的时候，我身边也不乏这样的狂狷之士，从不轻易膜拜任何一个学术大神，每每臧否人物，都会引用尼采的那句"重估一切价值"，颇有当年杨黄之风。

但是，每次听到这句格言，我都会禁不住私下嘀咕："当怀疑成了立场，不屑成为态度的时候，我们所谓的批判性思维，到底是指什么？"

太抽象了。还是举个例子。

例如，我们在学习马克思剩余价值理论的时候，无论你怎么采取批判性立场，这个结论在他的理论脉络里都是自洽的，而即便我们深入到他的论证脉络里，也难以发现论证的错误和疏漏之处。

但是，如果我们把目光从结论和论证过程转移到这个理论的前提预设的时候，就能迅速捕捉到它的理论漏洞。

你看，资本家剥削工人剩余价值的理论前提是：只要资本家创办企业，就一定是有利润的，而这些利润必然来自工人产生的剩余价值。

但是，这个前提真的成立吗？现实世界里也有大量企业处于亏损状态。企业只要多运转一天，就会多亏损一天。在这个时候，剩余价值理论还能否成立呢？

显然，马克思的剩余价值理论是基于特定条件的一种学说，而并非真理本身。

任何经典理论都有自己的适用边界，如果我们能把批判的目光从一个个具体的结论身上移开，去训练自己寻找理论前提的能力，我们是不是就可以提出"剩余亏损"这样一个全新的理论概念，并发展出一套可以和马克思剩余价值学说进行对话的崭新的理论体系呢？

批判不是目的，经过反思的接受才是目的。我们在开启一段理论阅读的时候，都一定要知道，"思想都有其历史根源，背后隐藏着十分复杂的利益"。因而从另外一个利益视角来看，可能就会得出完全不同的结论。不加批判性思考而臣服于任何一种理论，往往都是因为没有看到思想背后的利益。

所以，对我而言，我会更关注寻找理论体系背后的思想前提，并以此作为批判性阅读的起点。

我认为，这才是对批判性思维的更好理解。

就拿我们最耳熟能详的自由贸易理论来说吧。自从亚当·斯密提出这个理论以来,就被西方自由世界作为一个有力的理论武器,肆意挥舞,用来指挥全世界其他国家的贸易政策。

但你知道吗?这些如今倡导自由贸易的国家,在本国国力尚弱时,都曾是这一理论的坚定反对者。

"幼稚产业保护论"最初由汉密尔顿提出,经过李斯特全面发展而成为最早、最重要的贸易保护理论。这一理论影响了19世纪的德国和美国,影响了20世纪的日本,使他们都能在保护主义的篱笆后面成长,强大之后又转而推行自由贸易。

但是,后来呢?随着美国、德国和日本的逐渐强大,他们开始拿着自由贸易的这根大棒,满世界地要求其他欠发达国家和他们展开自由贸易。

这就是这个世界的真相,任何理论的背后,都有它要服务的利益。

你所采取的理论或者你所反对的政策,实际上是你在这个世界上地位和实力的反映。

任何理论都有自己适用的时空界限。要不要适用一种理论,关键不是这个理论是否自洽,而是你有没有适用它的实力。

批判性思维,我认为,它首先指的就是这种对思想和利益之间关系的敏锐感知,以及对普世理论的经验怀疑。

为什么自由贸易理论首先是由英国而不是别的国家的学者提出?为什么在1776年亚当·斯密提出这套理论后,在长达几十年的时间里,都没有被当时的英国政府采纳?

这些都绝不是偶然的。

因为英国已经崛起,所以亚当·斯密提出了这种超前的理论;因为英国当时还不够强大,所以政府暂时还不敢实行这种理论。

这就是答案。

但是,到了1846年,罗伯特·皮尔作为时任英国首相,英国已经具备了实行这一理论的国力基础。

皮尔在这一年首先废除了当时贸易保护的《谷物法》,开启了英国单边自由贸易的传统。所谓单边自由贸易,就是其他国家出口到英国的产品,英国不收关税,而英国出口到其他国家的产品,收不收关税,则悉听尊便。他们的逻辑是,英国为了推动世界文明的进步,愿意承担大国应尽的责任和义务。吃点亏就吃点亏吧!我先干为敬,你喝不喝,随意!

这英国人是要兴王者之师,以德服人吗?别急,你真的以为英国人这么高尚,愿意在贸易中承受如此不公平的待遇?

我们还是先从道德层面的激情中暂时冷却一会儿,运用我们刚才所说的批判性思维,去思考这种思想背后的利益机制。

"罗辑思维"有一期节目,揭示了这背后真实的因果关系。

原来,英国在1846年的时候,已经成为全世界唯一一个完成了工业革命的国家,它对外出口的是工业制成品,而要进口的则是原材料。

工业制成品出口的时候，你不是要收高额关税，来保护本国的幼稚工业吗？可以。随便你收，我的商船就停在海港外，谁买我都按一个价格卖。你们国家的商人究竟是会合法地缴纳关税，然后在国内合法售卖，还是会逃避关税，通过走私非法售卖呢？

答案是显然的。高额关税在逻辑上必然带来走私猖獗的后果，久而久之，这种关税必然会无法维系，从而使国家主动取消，最终变成双边自由贸易。

再看英国这边，如果对进口原材料统统不收关税，就等于英国的工业体系可以拿到全世界最便宜的原材料，然后凭借价格优势，进一步巩固他们在世界经济体系里的位置。

所以，真的是亚当·斯密的著作具有超越时空的理论魅力吗？别天真了。

为什么1776年英国政府坚决拒绝实行自由贸易政策，但偏偏到了1846年，才主动推行了一个看似不利于英国的单边自由贸易政策呢？不是因为他们领略到了理论的魅力，而是因为他们具有了践行这一理论的实力。

思想的背后，其实是利益。

看不到这一层，我们永远都是理论的奴隶，而无法训练自己的独立思考能力，和所谓的批判性思维。

你看，有了这种思维工具，你就可以重读历史，得出自己的大胆假设，并通过严谨的治学，去做小心地求证。

再如，当年葡萄牙和西班牙为了瓜分殖民地、争夺世界霸权，打得不可开交，为了平息两强争端，1493年5月，在罗马教皇亚历山大六世的仲裁下,以亚速尔群岛和佛德角群岛以西100里格的子午线为分界,把该线以西的一切土地都划归西班牙,以东的一切土地划归葡萄牙。按照这个划分,富庶的东方世界都属于葡萄牙的势力范围,西班牙无权染指。

这背后是多大的利益损失?西班牙政府肯定要想方设法突破这一规定。

之后发生的事情,我们都相当的熟悉——哥伦布得到了西班牙王室的资助,一路向西航行,并最终发现了美洲大陆。

你是不是可以据此作出一个大胆的理论假设?

会不会因为教皇子午线对葡萄牙和西班牙势力范围的划定,使得西班牙产生了强烈的冲破这一束缚的冲动,从而在可以既不违反双方约定,又能够抢占东方世界的强大利益刺激下,发明了"地球是圆的"这一崭新理论呢?

这个假设是否成立,其实并不重要,重要的是,你已经找到了开启批判性思维的钥匙,从此可以启动对所有经典的理论反思。

广西师范大学出版社曾经出版过一本《思想背后的利益》,作者长期关注20世纪20年代北洋政府的财政收入问题。后来运用这一思想方法,竟然发现,原来一些学潮打出来的要求退还庚子赔款的高调旗号,实际上遮蔽了背后对这笔款项管理使用权的利益之争。"中国无政府主义的鼻祖、国民党元老级的人物李石虽然口头上'反帝爱国',

但真正让他心痒的,却是财权。"[1]

你看,现在再回想英国犹太裔思想家以赛亚·柏林的那句断言,就可以发现,他是多么具有洞察力——"对于各种观点、社会运动、人们的所作所为,不管出于什么动机,应该考虑它们对谁有利,谁获益最多"。

明杰同学,如果你能掌握这个思想方法,它将让你受益终身。

只是,在你明晰了这个世界真实的利益逻辑之后,不要忘了保有最初的纯真。

---

[1] 陈建德:《思想背后的利益》,广西师范大学出版社 2005 年版。

13 人在江湖，身要由己

> 如果这件事被现场直播给所有人看到，你怕不怕？如果怕，就别做。以再优雅的方式作恶，还是作恶。以再猥琐的方式行善，还是行善。所谓圣人，其实都是伪装了一辈子的普通人，能装就装。装了一辈子，你就真是个好人了。

少文老师：

我做律师已经两年了。可最近遇到一件事，实在把握不准，想听听老师的意见。因为办案的原因，我认识了检察院公诉科的一位检察官，但也不是很熟。前些天，不知道出于什么原因，他突然私下找到我，说要和我合作案件。我当时心想，律师和公诉人怎么合作？后来才听明白，以后他会把一些案子推荐给我做，他去摆平关系，然后希望我能给他一些费用。没想到，昨天他真就推荐了一个案子过来，我也接受了委托，但现在我不知道该怎么处理剩下的事情。给他钱吧，总觉得好像哪里不对，不给吧，又觉得说不过去。听说律师们之间介绍案源也都是要给介绍费的，少文老师，我可不可以给他一些费用，但说明这不是关系费，而是案源费呢？

——同伟

同伟律师：

恕我直言，你这种想法是自欺欺人。

换了个说法，性质就能改变了吗？

照你的逻辑，商人拿50万现金给前来视察的官员，说这是您出差的车马费，就不是行贿了？

找无数冠冕堂皇的理由，以求做毫无心理负担的自由落体运动。

这是一种精致的利己主义。很精致。但，还是利己主义。

如果你真的不知道如何判断一件事该不该做，我教你一个很简单的标准：

如果这件事被现场直播给所有人看到，你怕不怕？

如果怕，就别做。

这可以成为你今后职业生涯一条清晰的行事标准。

王阳明有关于善恶的四句言教，分享给你："无善无恶性之体，有善有恶意之动。知善知恶是良知，为善去恶是格物。"

这四句话的意思是："心的本体是无善无恶的，而一旦动了意念，就会有善恶之分。要运用我们的良知去分辨善恶，并在实践层面行善断恶。"

我曾经给学生讲过：

以再优雅的方式作恶，还是作恶。

以再猥琐的方式行善，还是行善。

你首先应该区别的是善恶，而不是行为的方式。

当然，我也不是唱高调，我也知道，对于刚刚起步，经济压力比较大的年轻律师，面对一些具体的利益的时候，是很难超然地作出正确的判断和选择的。

年轻时，总会把诱惑当作机会。

而成熟了以后，却常把机会当诱惑。

每次面对利益诱惑的时候，你都可以先去分辨，这究竟是机会，还是诱惑？

和你说一个我大学时的故事吧。

那时的我，在全年级第一次期末考试时排第130多名，生性好强的我内心暗暗发誓，下次考试，一定要拿一等奖学金。

后来，考试成绩出来，我的确和另一位同学并列第一。但一等奖学金只有一个名额，而且奖金不少，足以解决我很多具体的生活问题，因此我寸土必争。

为此，我在辅导员面前振振有词，拿出自己的各种获奖证书，以期打动辅导员，把这唯一的名额给我。

当时的我，全然没有考虑到旁边那一位和我并列第一的同学的感受。

最终还是那位同学张口说话了："这一等奖学金还是给他吧，我感觉他比我更需要这个东西。"

当时的我，兴奋异常，却在若干年后回想起这段往事时羞愧难当。

我知道，那一刻，在我获得那份梦寐以求的利益的时候，我失去了更多。而那笔金钱，和我失去的友谊相比，如今的我，已经能够清晰地比较出它们各自的重量。

所以，我想说的是，很多经济利益，只有站在未来的立场回过头看，才能举重若轻。

不过，话又说回来，你能在这件事的关口征求我的意见，这说明，你的内心是知道善恶的。现在让你纠结的，其实是既然已经接了案子，又不愿意给钱，如何向那个检察官交代，对吧？

但你没发现吗？你又可能在不经意间掉入第二个思维陷阱。

不要因为难以善后，而不去纠正第一个错误。

一步错、步步错，讲的就是这个道理。

认识一个朋友，iCourt 的胡清平校长，我们有一次，接受朋友委托去新疆塔城捐赠十万元助学款，当时学校安排他做了一场讲座。中间有一句话我深以为然并且一直记到今天：

人这一辈子，连合法的钱都挣不完，干吗要挣非法的？有种，你先把合法的钱挣完再说！

不要害怕把案子推了或者把钱退了，会让你成为异类。

这个世界缺的就是有态度的异类。

你要相信，他们即便讽刺你迂腐，你也要去做正确的事。

不要想着讨好这个世界，只要你能一直坚持正确地做事，你最终会赢得所有人的尊重。

就像《血战钢锯岭》里的那个士兵。

很高兴你能及时向我征求意见,这至少说明,你的内心还在纠结,在道德观上玩跷跷板,此伏彼起并不丢人,总好过很多人,坐上滑滑梯,一路堕落。

我不相信世界上有圣人,所谓圣人,其实都是伪装了一辈子的普通人,能装就装。

伪君子,也胜过真小人。

不是因为伪君子的道德实践比别人优越,而是他的道德标准比别人优越。

因为,伪君子,至少知道有一种正确的价值观值得去伪装;但真小人,却蔑视一切应该被敬畏的道德律令。

人在江湖,身要由己。

以后碰到这种事的时候,能装就装吧。装了一辈子,你就真是个好人了。

祝好,同伟律师。

对了,《人民的名义》里,也有一个同伟。和你同名。

他应该也问过他的老师类似的问题。

14 立场决定逻辑?

> 善辩者最大的软肋,就是不知道何时不应该辩论。如何运用逻辑是技术,而何时不用逻辑则是一门艺术。

少文老师:

我会不时看到一些明星在网络上发表引起很大争议的言论,有时候我理解他们并非真有什么既定的所谓立场,而只是希望矫正网民讨论问题时的逻辑错误,但没想到因此触怒了网民。少文老师,您怎么评价此类事件?

——青玄

青玄同学:

我们就事论理,跳出具体细节,聊一聊事情背后更为普遍的道理。

我对网络言论的总体看法是:立场决定逻辑,而非逻辑决定立场。

如果看不透这一点，在网络上扮演意见领袖，就必然是这样的结果。

容我慢慢解释。

科学里有一个溶解度的概念，意思是，在一定的温度下，某固体物质在100克溶剂里（通常为水）达到饱和状态时所能溶解的质量。

比如，在20度的时候，100克水里溶解0.165克氢氧化钙，溶液就饱和了。

与此类似，网络舆论场也像一个容器，意见领袖的流量就如水量，无论水量增加到多少，能够理解、认可你的人都有一个固定的比例关系，而随着流量的增加，不理解你的绝对人数其实也在同步增加。

这就是我所理解的网络意见的"理解度"。

所以，从这个角度理解，公众人物遇到网络暴力，没有什么好抱怨的，在进入这个场域之前，他们就应该思考清楚这个内在的逻辑。

当你追求了流量，就必须承受"理解度"带来的沟通不畅的问题。

误会，是表达者的宿命。

其实应该改成，被更多人误会，是有更多粉丝的表达者的宿命。

既要粉丝上千万，又要求所有粉丝的思想都能和你同频，既收割"智商税"，选择流量变现的好处，却又对网民的思考能力嗤之以鼻，这种两头都想要的事情，一定会有某种形式让其付出对价。

因此，每一个人在试图追求网络流量、发表公共言论之前，都必须静下心来，认真对自己进行一次灵魂拷问：

究竟应该立场先于逻辑，迎合网民的智识水平，去提高对自己的理解度？

还是逻辑先于立场，顺从自己内心的坚守，去面对不理解自己的网络暴力？

我说这段话，不是否定公共人物要有自己的立场，而是说，在遭遇攻击之前，就应该把这个道理想清楚，虽千万人吾往矣，而不要在事情发生之后垂头丧气，悔不当初。

做人做事，都要通透。所谓通透，就是提前想清楚各种结果，发生之后单纯面对，不纠结。

比如，某著名"公知"，许多网民很讨厌他在访谈节目里的精英立场，抨击讽刺他的语言非常尖酸刻薄。我对他，其实倒有惺惺相惜的感觉。

他让网民反感的地方其实不在于他的精英主义立场，而在于他总想在精英和世俗、流量和品味的夹缝中生存。

甚至在他自己的文字里，也直言不讳地表明了自己纠结的心理：

"这本书是好奇心、偏见和虚荣的共同产物。"

对，偏见和虚荣。

一方面，他试图把握和质疑时代精神。另一方面，他也很清楚地知道自己对采访对象的选择，带有明显的功利色彩，他并没有在这样一个他看不起的消费时代去执着地推荐那些纯精神的存在，相反，成功的商人、明星明显占据了过大的比例。

他毫不隐讳自己的考虑：他们可能会给节目带来更大的影响力。但实际上，这也是他自己对消费时代的成功学投出的带着本能排斥的羡慕眼光。

所以，节目里表现出来的痛苦，就让人不舒服。

不为发表的写作，是多么快乐的事情啊。

不为流量的品位，是多么骄傲的事情啊。

一方面渴望市场的承认，一方面又鄙夷时代的品位，两头都靠，万众瞩目下去踩平衡木，可能就怨不得时代了。

很多意见领袖，是在振臂一呼、为民请命的逻辑下走到前台的，这样的人会坚持自己的逻辑和观点，用网络工具进行时代启蒙，他们与舆论抗争，但也在为民智"松土"。敢于独立于强权，也敢于独立于汹涌的民意。

而如果是带着两头讨巧、流量变现的初衷走进娱乐圈的人，就要时刻注意立场优于逻辑的底层逻辑，这样的人，需要掩盖自己对很多热点事件的真实看法，以维护自己的流量利益和网络形象，不可触犯众怒。

这两种人，我都可以接受，尽管对前者钦佩更多。至少，在进入这个游戏之前，他们都做出过一次真正的选择。前者可能违逆了众意，而后者可能违背了内心。因而两者都会接受历史对他们公正的评价。

我反对的，是在这两者之间辗转腾挪、投机耍滑的人，他们后来的进退失据，逻辑不一，改口道歉，不是基于选择，而是基于幼稚，结果同样要承受选择的代价。

善辩者最大的软肋，就是不知道何时不应该辩论。

如何运用逻辑是技术,而何时不用逻辑则是一门艺术。

在最高处招摇的原则,总有最低处惨痛的代价与之对应,就像繁华背后必有苍凉,流量背后必有暗箭。

想清楚坚持立场和坚持逻辑的代价,然后付出。

要好过,没有思考过而付出同样的代价。

希望你读懂了我的回信。

15　作为知识生产机制的教与学

> 我对思想的追求不是深邃透彻,而是直击人心。没有枯燥的专业,只有枯燥的人,没有浪费时间的事情,只有不善于转化的思维。

少文老师:

开学了,我对法学课程充满期待,但几周课上下来,发现法学并不像当初想象的那样有趣,老师好像备课也不太用心,很多观点在我看来,都比较随意,有的甚至根本不能成立。我们完全感受不到法学的魅力,所以大家都开始不太听课了。我也不知道这到底是老师的问题,还是我们自己的问题。

——常林

常林同学：

老师不愿教，学生不想学。很普遍。

原因也很简单：不论是老师还是学生，都没有把课堂看作一种知识生产机制。教师往往认为，教学是为他人，而科研才是为自己；而学生也普遍认为，学习就是为了考试，而不是为了求知。

这两种观点都值得思考。

可能是由于个性的原因，我勤于读书，却懒于笔耕。这样的人，虽非大器，但也只能晚成。

很多人告诉我，有了想法要尽快写成论文。要么出版，要么死亡（Publish or perish）。可我总是麻痹自己，只有思想贫乏的人才有时间整理自己的思想。

语言有天才，而思想没有。所以，读文学，要看作家早期作品，而读哲学，则应关注作者晚年著述。

我一直以来都偏执地认为，一切不能还原为口语的思想都是伪思想。

我对思想的追求不是深邃透彻，而是直击人心。

用苏力的话说，就是我不追求让人读不懂。

在我的私人阅读史中，对话类作品和口语类作品占了很大的比重。因为只有这类作品才会省去烦琐的引证和考据，直接呈现其思想的骨干。

事实上，历史上的确也有很多经典著作，就是授课内容的文字稿。

例如，福柯的《必须保卫社会》就是他在法兰西学院演讲的文字稿。

布莱克斯通的四卷本《英国法释义》是他在牛津大学讲座的文字稿。

卡多佐的《司法过程的性质》是作者为了纪念耶鲁大学法学院的一位已经去世的毕业生阿瑟·P. 麦金斯特里而作的一次演讲的文字记录。卡多佐为这个演讲准备了一年，但他不确定会有多少人对这一话题有兴趣，因此仅仅安排了一个专门进行讨论的小教室上课。但让人万万没有想到的是，由于观众的不断增加，最后演讲不得不改在了耶鲁大学最大的讲堂里进行，并最终形成了我们所熟知的那本经典著作。

你看，课堂教学同样可以成为知识生产的机制。身为老师，大可不必把教学和科研看成一对彼此矛盾的关系，认为教学工作挤占了自己大量的科研时间，甚至用机会成本来衡量教学工作对自己学术生命的影响。换一个视角来看待世界，其实没有这么多矛盾。

学生也是一样。

很多人都对诉讼法的学习提不起任何兴趣，我还记得日本著名民事诉讼法学家谷口安平在《诉讼法乃实体法发展之母体》这篇文章中提到，在日本，"民诉"被学生戏谑地称为"眠素"。可见，这是个世界性难题，似乎是学科性质使然。[1]

就像你们，哪怕对刑事诉讼法毫不感冒，哪怕对我的观点全不赞同，又有什么关系呢？既然你已经开始学习这

---

[1] 参见［日］谷口安平：《诉讼法乃实体法发展之母体》，载［日］谷口安平：《程序的正义与诉讼》，王亚新、刘荣军译，中国政法大学出版社 2002 年版。

门课了，既然你已经坐在教室里了，不妨就换个角度看待这门课程。

当年布莱克斯通在牛津大学任教时，尽管当时已经名气很大，很多学生慕名而来，学习他的政治和法律思想，但其中有一个学生对布莱克斯通就是不以为然。不管老师说什么，这个学生都要想方设法批判一通。结果期末结业时，其他同学都在背诵老师的课堂笔记以应付期末考试，但只有这位同学把在课堂上所记录的对老师观点的批判整理出来出版了。

这本书的名字叫《政府片论》，副标题就是《对布莱克斯通政体学说的批判》，而这本书的作者就是后来为我们所熟知的杰里米·边沁。

你看，换个视角看待你们所要学习的任何一门学科和任何一个老师，是不是就会有不同的感受。即便他讲得真的不好，只要善于转化你的情绪，哪怕是不满也可以成为另外一种知识生产的机制。

从这个意义上来说，边沁同样是布莱克斯通培养出来的优秀学生。

没有枯燥的专业，只有枯燥的人，没有浪费时间的事情，只有不善于转化的思维。

我是老师，你是学生，这封回信是对我们彼此的提醒。

—— 法律人的方法论 ——

16　解释和辩护只有一线之隔

> 冤案的产生原因是不能完全推给时代的。学者可以用物质条件和科学水平来解释冤案的成因，以此丰富我们认识世界的维度，却绝不能滑向为违法办案、出入人罪进行辩护的错误立场。我们可以解释这个不完美的世界，却不要为这个不完美的世界辩护。

少文老师：

自从"呼格案""聂树斌案"平反以后，突然很多法律人都站了出来，开始要求对制造冤案的警察追究责任。可我总觉得这样对警察是不公平的，你不能用现在的办案条件和水平来要求一起20年前的案子啊！在当时的司法环境下，换了我，我也会刑讯逼供的，没有办法啊。而且，要求20多年前的每一起案件都要进行DNA鉴定，这也未免太强人所难了吧。黑格尔说，"存在即合理"，我觉得对任何事物的评价都不能脱离当时的制约条件，否则，学者就是站着说话不腰疼。少文老师，您同意我的观点吗？

——廖清源

清源同学：

我不同意你的看法。

"不能用现在的办案水平来苛求20多年前的刑事司法"，这已经是一种非常流行的观点，支持者甚至不乏一些著名学者，乍听上去，这种观点似乎很有道理，而且不落俗套，有独立见解，但是，事实真的如此吗？

讨论必须还原到经验层面才有意义。

比如"呼格案"。

的确，我们不能苛求，当时的办案机关为何没有运用DNA鉴定技术来避免这起冤案。毕竟，全国第一次使用DNA来判案是在1984年，即使到现在，用DNA来判案的也不足10%。在"佘祥林案"发生的20世纪90年代，一起DNA鉴定就要花费2万元左右，而且还只有省城才有相应的设备和技术条件。从1998年到2008年，有人统计了23427件刑事裁判文书，其中有DNA作为定案根据的，最低的年份是0.37%，最高的年份是2.21%，平均是1.23%。[1] 即使在美国，也是到了2003年，才开始全面进行DNA鉴定。从这个角度上说，"呼格案"没有做DNA鉴定，我同意你的看法，的确不能苛求当时的办案人员。

但是，请注意，这和我们要讨论的是两个问题。即便当时的确有理由不做DNA鉴定，也并不等于冤案的产生就有其合理性：首先，本案中DNA技术并非决定呼格有

---

[1] 陈学权：《刑事诉讼中DNA证据运用的实证分析——以北大法意数据库中的刑事裁判文书为对象》，载《中国刑事法杂志》2009年第4期。

罪与否的关键证据。即便没有DNA鉴定结论，也不应该对这起疑点重重的案件的被告人判处死刑。否则，我们又如何解释，后来的再审判决是在完全没有新证据的情况下作出无罪改判的呢？更何况，即便没有条件进行DNA鉴定，你又如何让我相信，当时呼和浩特这个省会城市的市级公安局，在一起影响如此之大的命案侦查过程中，有条件提取精斑，竟然没有条件搜集现场的手印和脚印？问题还远不止于此，在2005年一个被告人供述是自己奸杀被害人以后，为何警察当初提取的精斑又突然消失？而2006年11月28日检察院对其所提起的10起漏罪公诉当中，偏偏就把他供述的"呼格案"漏掉了，而专门起诉另外9起？这些又能用时代因素加以解释吗？

问题还可以不断提下去，在细节的不断探究之中，你我终会发现，冤案的产生原因是不能完全推给时代的。学者可以用物质条件和科学水平来解释冤案的成因，以此丰富我们认识世界的维度，却绝不能滑向为违法办案、出入人罪进行辩护的错误立场。否则，看似智识上胜于众人，其实，暴露的却是良知的匮乏。

解释和辩护，只有一步之遥。基于对很多案件细节的认识，对于这些冤案，我的立场是，"可以理解，但不能原谅"。

至于你所说的"存在即合理"，我更是有话要说。

你知道吗？黑格尔的原话并不是这样的。

在1961年商务印书馆出版的《法哲学原理》一书的序言里，对这句话的翻译是，"凡是现实的东西都是合乎理性的"。合乎理性与合理，在西方哲学和黑格尔的语境下是两个完全不同的概念。如果你读了德文，就会发现，黑格尔本来的意思，是说凡是存在而且长期存在的东西，一定有其内在规律，而学者的任务就是去解释这种现象背后的因果关系。但是，恩格斯却认为，黑格尔这句话是在把现存的一切神圣化，是在哲学上替专制制度、警察国家、王室司法、书报检查制度辩护，国内学界更是据此把黑格尔的话简化为一句极易引起误解的短语——"存在即合理"。

中国的成语都是四字成篇，但实际上强行将某种思想或智慧塞进整齐的结构里，换来的是韵律，而牺牲的往往是逻辑。

所以，中国的成语往往因为省略了逻辑，从而歧义丛生。比如，不学无术，是指不学同时无术，还是不学因而无术？比如，无知无畏，是指无知才能无畏，还是无知所以无畏？

一切简化的思想都暗藏着危险。

凡存在必有原因，但是，凡存在，却并不见得都合理。

我们可以解释这个不完美的世界，却不要为这个不完美的世界辩护。

这是两码事。

还是《老炮儿》里冯小刚说得好："咱们一码归一码。"

17　发现你的不爱

> 大部分的人生,其实,都不是对喜欢事物的追求,而是对不喜欢事物的远离。我早已不再规划人生。你想过没有,为什么我们批判计划经济,却又那么热衷于计划人生呢?

少文老师:

我是一名大四的学生,临近毕业了,突然觉得好茫然,不怕您笑话,我现在都不知道自己到底喜欢一份什么样的工作,每天看着周围的同学都在拼命地投简历、找工作,心里就特别的焦虑。您能不能给我的就业方向提供一些建议?

——李治

李治同学:

就业方向,提点建议?可是,你问我,我问谁啊?!

连你自己都不清楚你喜欢什么职业,外人又怎能了解呢?

德肖维茨在《致年轻律师的信》里有一段话我非常赞同:"提建议是一件冒险的行为……大多数建言者只是在指导别人如何成为自己。一切建议,至少是其中一部分,都不可避免地具有提建议者的自传性质。"[1]因此,现在的我,对于批发性的建议,已经越来越谨慎了。

我能说的,只是我的个人经历。仁者见仁,淫者见淫。千万千万,别把视角当世界,别把启发当结论。

金玉良言,人生指南,是聊天不可承受之重。

你必须听完就忘,我才敢开口建言。

有两件事情影响了我的职业选择。

大二的时候,当时已经在地方电台小有名气的我接到台里一个采访派出所的任务。那天,采访结束后,所里领导请我们喝酒。时隔多年,细节都记不太清了,只记得六点钟进了餐馆,十几杯酒下肚,不胜酒力的我就趴在桌子上几乎不省人事,只隐约感觉同事继续和他们推杯换盏。中间我醒过一回,烂醉如泥的我发现眼镜框已经被自己压弯,而时针此时已经指向凌晨一点,桌上的人似乎又换了一拨,我才隐约意识到,这应该是当天所里的第二场应酬。接下来,我们又被带到了一个洗浴场所,我就在更衣室里一直睡到活动结束。

走出洗浴城的时候,酒也醒了大半,时间是凌晨四点多钟。街头已经飘起鹅毛大雪,辞别同事和所里领导之后,不知道该去哪里的我,漫无目的地进了一家通宵录像厅,

---

[1] 参见〔美〕艾伦·德肖维茨:《致年轻律师的信》,单波译,法律出版社2009年版。

躺在空无一人的沙发上等待黎明。

那天晚上，又冷又饿的我，想了很多很多。

在此之前，我一直不知道自己想要一种什么样的生活，但这一夜，我无比清晰地知道自己绝对不想过什么样的生活。

人生就像一场答卷，很多时候，对正确答案并不确定的我们，需要通过对错误答案的不断排除才能发现最终的真理。

第二天，我在日记里写：

我宁愿回答学生一百万个问题，也不愿意对领导点一百万次头。

我不希望自己的身边围绕的，都是一群真的敌人，和假的朋友。

苏力对大一新生说，要发现你的热爱。

我对大二的自己说，要发现你的不爱。

另一件事，就是2001年的"9·11"事件。

在此之前，我一直都有做沃尔特·克朗凯特的雄心，也自信拥有成为白岩松的天赋。

直到那两架飞机撞上世贸大楼。

那天，正读研一的我，和室友一起从宿舍的黑白电视上看到这则新闻。我清晰地记得自己获知这条新闻后的第一反应：惊讶，然后是暗爽。

可是很快，我就开始反思，自己是否具有成为一名优秀记者的潜质，我是否真的如自己所想的那样适合这一职业？

答案是否定的。

首先，对于这个将要深刻影响未来世界格局和走势的特大新闻，我的反应仅仅是惊讶而非震撼，我不具备新闻记者最起码的敏锐；其次，对于几千个无辜生命瞬间丧生这个巨大的人道灾难，我的第一反应居然是暗爽，我不具备一流新闻记者所应具备的最起码的悲悯。

除了一流都是末流，如果我欠缺了从事一个行业所必需的情怀和技能，我又凭什么说自己能够在这个领域做到我所期望的高度？

当我还不知道自己擅长什么的时候，这件事让我深刻地认识到，自己不擅长什么。

李治同学，讲了这两个故事，我不知道你听明白我的意思没有。

其实并没有一个明确的梦想在前方引领着我的人生道路，很多时候，我都是通过不断排除一些选项才走到今天的。我的幸运，不在于我知道自己喜欢和适合什么样的工作，而在于我知道自己不喜欢以及不适合什么样的工作。

小的时候，我们对于理想的表达都是肯定句式。例如，"我要成为一名科学家"；又如，"我要成为一名艺术家"。

可是，后来我们猛然发现，曾几何时，儿时所有的梦想，随着我们的成长，不经意间都变成了否定句式："老子不想在这里待了！""我不想再伺候这帮人了！"

大部分的人生，其实，都不是对喜欢事物的追求，而是对不喜欢事物的远离。

我早已不再规划人生。你想过没有，为什么我们批判计划经济，却又那么热衷于计划人生呢？

"你不知道自己想做什么样的工作,那你知道自己不喜欢做什么样的工作吗?"每每遇到学生的咨询,我都会这么反问。

得到的反馈往往让我十分后悔,对方像又发现了一个更大的困惑,脸色更为迷茫。

"都还行,没有特别喜欢的,也没有特别不喜欢的。"

不知道去往哪里,也不知道绝对不去哪里,有人面对的是"十字路口",而更多人面对的却是"米字路口",甚或是更多选择。

人生,就如一道选择题。除非复习到位,答案往往模糊不清。

不知道选什么的时候,排除法未尝不是一种选择。

知道自己喜欢什么是幸福的上限,知道自己不喜欢什么是幸福的下限,可如果两者都不知道,理想又何处安置呢?

所以,发现你的不爱。

18　正确不等于妥当

> 正确,并不等于妥当。你的思维可以理性,但你的言行不能冷酷。只要是基于探讨问题而非泄愤的心理,任何公共言论都有其存在的价值。但是,我们也要给予相当程度的警惕,在言论自由的旗帜之下,一种正确的情感往往会为一种极不妥当的做法背书,从而突破公共言论的伦理底线。

少文老师:

春节期间,宁波动物园游客逃票事件引起了一场全民大讨论。网络意见很快分成"挺虎派"和"挺人派"两个阵营,而且相互攻击,两不相让。这起事件的法律问题其实并不复杂,甚至可以说比较简单,但为何却引发了如此规模的社会撕裂?我看到您也在朋友圈里发表了自己的看法,认为人们还是应该对逝去的生命抱有起码的同情。有人认为,这种人拿自己的生命不当回事,根本就不值得同情,他的死是自找的,是活该,主张同情死者的观点是妇人之仁,是"圣母",

是在纵容违反规则的社会风气进一步蔓延，是在挑战社会的伦理底线。因此，人们更应该同情的反而是无辜被杀的老虎。少文老师，我觉得双方讲的都有一定的道理，想听听您进一步的看法。

——少宁

少宁同学：

你好。

我认为，这起事件之所以引起全民热议，一个原因是春节期间，大家聚会时间较多，"虎案"很容易成为茶余饭后的话题，而且公权力还在放假，更能吸引眼球的事件还没有机会发生，网络荷尔蒙没有机会分流。但最重要的是，这件事在专业层面比较简单，就归责问题几乎没有太多的争议焦点，这是一个只需要通过高喊口号就能表态和站队的公共事件，脑力成本、体力成本、风险成本都几乎为零。零成本的事件，自然全民参与；二元化的议题，自然高度撕裂。所以，就形成了你所说的互不相让的局面。

但是，由此得出中国社会高度撕裂的结论，我觉得言过其实了，至少，它没有更加撕裂。或者说，中国不是在这一夜之间突然被撕裂的。

这么多年，我几乎从不参与公共事件的争论，因为在我看来，很多争论都不是源于立场的真正差异，很多看似激烈的论战背后，其实都是故意模糊战场带来的表象。

在我们讨论这个问题之前，我想先明确一下我们的争议焦点。"挺虎派"说，死者违反规则，我同意；应该付出代价，我也同意；他的死是自作自受，我也可以同意；但是,将他的死形容为一次"外卖",我无论如何不敢苟同。不要觉得这只是极个别的极端言论，这种对死者极不尊重的话语这几天来其实不绝于耳。只要你愿意，能找到很多例证，我就不一一列举了。

你应该知道我的意思了。在我看来，问题的分歧并不在于要不要遵守规则，这其实根本就不是整个公共事件的中心议题，遵守规则应该是大家的基本共识。问题在于，在此前提下，我们是否应该以这种对死者极不尊重的方式进行公共讨论？

对这一问题的不同看法构成了价值观的根本分野。有人认为，这不过是一种戏谑的修辞手法，应该以幽默的心态一笑而过。

但是，可以这样幽默吗？想象一下，当一个违反交通规则，在高速公路上逆向行驶的车辆发生事故，司机当场死亡之后，你不断地向家属强调，他的死是自找的，活该接受教训。我的确没有办法说你是错的，但你是不是也会觉得，这样说话似乎不太妥当呢？

正确，并不等于妥当。你的思维可以理性，但你的言行不能冷酷。显然，上文所示的个别言行，已经逾越了公共讨论的言论边界，而一些有影响力的公众人物，却也不负责任地转发和点赞，对这种情绪火上浇油。

对规则的强调和捍卫，不论出于何种动机和理由，都是值得肯定的，在这个方面的任何理性的论证和结论，我觉得都是这个开放社会必需的思想资源，这也正是言论自由的价值所在。

对这些言论，我始终保持一种开放的心态。我认为，只要是基于探讨问题而非泄愤的心理，任何公共言论都有其存在的价值。但是，我们也要给予相当程度的警惕，在言论自由的旗帜之下，一种正确的情感往往会为一种极不妥当的做法背书，从而突破公共言论的伦理底线。

有学生对我说，老师，大家都能自由地发表观点，整个社会呈现多种价值观难道不是一件好事吗？这一次的公共讨论不正是社会多元化的最佳体现吗？这是社会进步的表现啊！

这话总体不错，但你也不要教条地理解这些道理。多元化有两个可能的发展方向：一是多元化后通过协商形成底线共识（如通过这件事探讨如何强化整个社会的规则意识，这对当下社会尤其重要）；二是多元化后导致社会撕裂。但是，如果没有一种机制帮助我们达成共识，则多元化的结果更可能是后者而非前者，因而福祸难料。很多时候，不要认为，出现了历史之因，就必然会出现历史之果。转换的机制至关重要。

问题是，我们有没有这种通过公共论域的讨论凝结社会共识的转化机制？

你我都应该承认，其实在当下中国，暂时还没有。

所以，这个时候，你那句看似正确的道理放在这个语境下就有些不太妥当。

第一，不是所有的言论都有公共价值。言论自由的真谛是思想自由。经过严肃论证的言论通过在思想市场上的充分竞争，并最终为社会凝聚底线共识，这是言论自由最重要的价值所在。而如果一些言论仅仅是仇恨情绪的宣泄，根本无法与其他言论形成合力，并最终凝聚成有价值的共识的话，最终只会加深社会撕裂，你可以去看看，任何一个国家，会不会保护这种仇恨言论。

第二，在一个尚缺乏公共论域（如严肃的电视政论节目、严肃的政经杂志）的转型社会中，所谓意见领袖、公共知识分子的作用更为特殊。一旦在公共领域发声，他就应该为公共讨论尽力凝聚共识，并在技术层面提供不同观点的深入论证，而不应抓住公众情绪无限放大，将自己定位为分贝更高的骂街角色。反观这次网络论战，很遗憾，最激烈的言辞往往出现在这些意见领袖的文字之中，诚如一位学者所言，我们的公知，公共太多，而知识太少！

前些天参加北大法学院一个教学会议，被人称为"左派"的强世功教授的发言内容让我非常感动。他说，作为北大主管教务的负责人，他不会按照所谓的立场标签决定谁能上课，谁不能上课，相反，各种立场都能站上讲台，这是北大一直以来的传统。但他也有自己的取舍标准，要讲出高度来，为社会提供更为精密的论证，供有头脑的人士自由选择，而不要沦为泼妇骂街的低端宣讲。只有这样，在校园外形成社会撕裂的时候，中国社会还能有这样一方净土，诸多不同的流派观点都可以在这里和而不同地讨论问题，为撕裂社会留下最后一块多元化的堡垒，这才是公共知识分子和意见领袖应该发挥的作用。

正确，不等于妥当，正确的立场，也需要妥当的表达。

有影响力的人更要慎用自己的影响力。

否则,所谓的言论自由,将进一步加剧社会撕裂,因而毫无价值。最后,我想说的是,我无意介入这场以及所有公共辩论,只是想借此机会说说我的一些杂感,如果由此引发新的评论,我不会继续跟进。假如这篇文章引发了更深的误解,责任权当在我。每个人都会从这里看到他想看到的结论。

祝好。少宁同学。

19　从经验到经典

> 如果一个道理不能用直白的语言说出口,其实它就还只是学术,而不是思想。口语和深刻,并非对立关系。不能转化为口语的思想,往往都是伪思想。当理论变得有经验性,理论就会有历史性;而理论有历史性,理论就必然有局限性;而理论一旦有了局限性,就必然没有普遍性;而理论一旦没有普遍性,意识形态化的理论就会被拉下神坛。

少文老师:

我们导师给我们开了好长的一个书单,像邓正来的《中国法学向何处去》等,足有几十本之多。起初,同学们的阅读热情都很高,但是读了一段时间之后,发现很多时候都不知道作者在说什么,所以大家开始怀疑自己的能力,经常觉得非常沮丧。其实我们都很想接触这些经典,但阅读效果确实很差。少文老师,遇到这种有阅读障碍的书,我们是该硬着头皮读下去,还是干脆放下,把精力放在那些我们现阶段能理解的书籍上呢？

—— 克思

克思同学：

你好。

清华大学政治学系的刘瑜老师曾经写过一篇文章《从经验到经典》，中间记载了她个人阅读史上的一次类似的噩梦。1998年，她读到一本社会科学出版社1982年出版的希腊学者波朗查斯的《政治权力与社会阶级》中译本。整个阅读历程可以用"寸步难行"四个字来形容，两个小时的时间只翻了四页！尤其当刘瑜读到以下这段话的时候，不但产生了深刻的自我否定，甚至连杀了作者的心都有了。书中说："其实福柯对知识的理解，与柏拉图的洞穴比喻，具有一种意指共生的关系，而罗兰·巴特晚年对欲爱的诠释，构成了对这一关系最好的回应……"

你看懂了吗？反正，我没看懂。

遇到这种让人焦灼的阅读障碍，我们一般的反应都会是去指责译者的文笔！但是，为什么我们就不敢提出更深层次的质疑：也许就连作者自己都还没有搞清楚吧？

我一直执拗地认为，如果一个道理不能用直白的语言说出口，其实它就还只是学术，而不是思想。口语和深刻，并非对立关系。不能转化为口语的思想，往往都是伪思想。

所以，在我求学早期的阅读历程中，我会比较偏重于一些口语类的作品。钱锺书在《作者五人》中说：用对话体发表思想，比较容易引起读者的兴趣，因为对话中包含着几个角色，带些戏剧的成分，彼此间语言往来，有许多不相干的话来调节着严酷的逻辑。是啊，任何专著都有肥大症的倾向，但在言语中，彼此都想占着上风，因而洗练纯粹。

同样的道理，我并不主张你们去啃读那些故作高深的所谓经典，我更愿意建议你去阅读那些有经验背景的经典理论。《论语》说得好，"唯上智与下愚不可移也"。最聪明的人和最愚笨的人都不是教育作用的对象，教育作用的对象恰恰是中间这层群体。我在进行阅读指导时不会去特别关注那些对抽象理论具有较强敏锐度的同学，而会特别关注引导学生如何在经验阅读中打通经典阅读的任督二脉。

在我看来，所谓的经典，就是对经验困惑的经典解答。

我们现在看到的一些经典著作，之所以全是从概念到概念、从理论到理论，那是因为在这些著作写作的年代还没有进行实证研究的条件，但是，这并不代表作者本人心中没有具体的经验困惑和问题意识。因此，阅读的第一要务，就是还原理论的经验背景，这一准备工作可以帮助你更加高效地进入作者的理论世界。

举个简单的例子。很多人都不明白卢梭为什么会写《论戏剧》这本小册子，这本书和他其他著作之间又是一种什么样的关系。那么，你在进入卢梭的理论叙述之前，就有必要去还原卢梭的写作背景。原来，卢梭认为，正是艺术和科技让人类堕落，因此希望人类回到古代的平等社会；但当时的社会名流伏尔泰认为社会现状就挺好，没有必要回到四脚爬行的古代。后来,靠戏剧闻名欧洲的伏尔泰希望能在日内瓦开设剧院,上演自己的一些经典剧目,但是,卢梭一直以日内瓦公民自居,决不允许伏尔泰在自己家乡开设剧院败坏风俗,因此才写了这篇《论戏剧》的文章以表达自己坚定的反对立场,由此触怒了伏尔泰。加上两人之间早已形成的种种嫌隙,伏尔泰开始在报刊上写文章不断揭露卢梭的私人生活,后来卢梭干脆亲自执笔,把自己一生光彩和不光彩的事情和盘托出,以堵住论敌的嘴巴,这就是经典著作《忏悔录》的由来。你看,只有还原了这些经典著作的经验背景,我们才能知道进入这些论点的方式和角度。也许,对于这类书,把伏尔泰和卢梭的观点对照着读,就会有更好的阅读效果。

还有,一旦我们把一本经典著作的经验背景还原出来,一些表面上的观点对立,可能就会由此得到化解。例如,马克斯·韦伯有一本很经典的著作——《新教伦理与资本主义精神》,他强调正是节俭构成了资本主义发展的主要动力;但是,后来一个叫作桑巴特的学者也写了一本书——《奢侈与资本主义》,观点和韦伯截然相反,他认为,正是奢侈而非节俭促进了资本主义的发展。学生在这些针锋相对的观点面前往往手足无措,这个时候,我们需要还原这些著作各自的经验背景。通过这样的工作,你会发现,马克斯·韦伯那本书写的是宗教改革时期的事情,那个时候只有节俭才能进行资本主义原始积累。但是桑巴特那本书写作的年代已经是19世纪了,大航海时代早已结束,物质积累已经大为丰富,这个时候如果仍然提倡节俭，就会出现生产过剩，引发经济危机，所以，必须倡导一种消费主义的新型伦理。也正因为如此，孟德斯鸠才会在启蒙时期提出"富人不浪费，穷人就要饿死"的观点。

你看，如果把这些观点放在各自的经验背景下去理解，你就会发现，其实看上去针锋相对的矛盾观点本质上并没有什么冲突。所有的理论几乎都能在经验面前握手言和，这才是理论阅读的目的。

知道了这一点，其实也可以指导我们的生活。很多时候，很多看似对立的观点，只要你把经验背景还原出来，其实根本就没有什么好争论的。例如，一个女人在你面前说，"男人没有一个好东西"。你就没有必要动气，因为她在说这句话的时候，其实背后讲的是她的男朋友，你要在经验背景中理解她这句话的含义，引导她说出具体的事情。这样一来，不但不会引发没有必要的辩论，还会带来更加有效和真诚的沟通。不是吗？

所以，在你还没有能力直接进入纯理论世界的时候，给自己一点经验阅读的意识。你要知道：当理论变得有经验性，理论就会有历史性；而理论有历史性，理论就必然有局限性；而理论一旦有了局限性，就必然没有普遍性；而理论一旦没有普遍性，意识形态化的理论就会被拉下神坛。而我们也正是在这样的经验阅读中，学会思考理论的边界，学会进入经典理论的最佳角度和方式，并完成对理论意识形态化的解构，锤炼自己独立的思考能力。

而这，才是我们进行理论阅读的最终目的，不是吗？

那么，接下来的问题就是，看完经典以后，我们要如何回到经验世界呢？

在这里讲一下已过世的邓正来老师吧。他是一个研究领域横跨法学、社会学、政治学、经济学的大学者，我曾经专门拜访过他。最近我刚刚出版的译著《法律工具主义》也是在他的推荐下，在北京大学出版社出版的。不过说实话，一般本科生和研究生看他的著作，都会感觉非常难懂，尤其是你们导师推荐的那本《中国法学向何处去》，几乎全是抽象的论断，而经验背景很少。我一开始接触的时候也是一头雾水，经常怀疑自己的理解能力。

不过，我倒是强烈推荐你去了解邓老师的读书方法。我第一次在录音里听到的时候就感觉特别激动，对我启发非常之大。

他说，他要为中国法学界培养一百个博士，而且每个博士都要学有专攻。从他们硕士一年级入学的时候起，他就会要求学生选择一个西方经典作家，一门深入，长期熏修。在硕士阶段，每两个月提交一篇关于此人的读书报告，在博士阶段则改为每月提交一篇。如果硕士、博士阶段能够下这样的硬功夫，在如此深入研究一位作家长达六年的时间过后，再以这些读书报告为基础，写出一份关于这位经典作家的思想评述，一定会拿出这个领域旁人无法超越的研究成果。

而且，特别有意思的一点是，邓老师还别出心裁地设想了一种读书会的崭新模式：在一个读书小组各有专攻并且积累经年的时候，可以选择某个公共事件召开深入的主题研讨。每个学生都必须在深入研读经典著作的基础上概括出经典作家的思维方式和论证习惯，以他的视角和口吻参与到对经验事件的讨论之中，从而将经典理论还原为经验分析。这样一来，每一次的读书讨论就会变成哈特和富勒的研讨，就会变成罗尔斯和诺齐克的辩论，西方历史上的所有法学思潮都会在一个又一个经验世界里被高度还原，让我们知道每个经典作家论证的脉络和方式，了解这些西学对当下中国的实践意义。

怎么样？是不是听听都觉得热血澎湃？

经典理论就是这样读的。

首先要找到经典著作的经验背景，知道它的问题意识从何而起，更要找到经典著作的经验归宿，知道它的理论方案如何落地。

有的时候，一个好的理论就像是一架飞机一样，尽管可能临空高蹈，看似天马行空，但是，只要你知道它是从地面起飞，又终将回归地面，就会更为清晰地确信这一理论飞行的意义所在。

但如果我们找不到经验的开头，也找不到经验的结尾，对于这样的一个不明飞行物，你是不是只有恐惧和不安的感受呢？

让所有的经典回到经验里去重新理解！

例如，在你阅读西方法律思想史的时候，能不能结合《洞穴奇案》这样的思想实验进行思考呢？既然《洞穴奇案》已经提供了十四种根据不同法学流派写出的判决书，你能不能在阅读法理学著作的时候，尝试着写出第十五份不同论证的判决书呢？这不是比简单摘抄一些警句更高级的读书笔记吗？

讲到这里，你可能会问：如果自己没有这样的思辨能力，那又该如何进行经典理论的经验反刍呢？

也很简单！

尤其对部门法经典理论的学习，我想下面的方法更为值得推荐。

我经常告诉我自己的研究生，你们必须在理论和实践之间不断往返，才能获得真知，沉浸于任何一种逻辑都可能自陷绝路。

以刑诉为例，当你在阅读经典著作的时候，可能会遇到一个理论，对美国监狱中黑人人满为患的现象提供的解释是，美国司法体系充满种族偏见。我们在阅读这些结论的时候都要保持足够的警惕，当一个理论用一种理念或观念解释真实世界的因果关系的时候，往往都没有抓住事物的本质。

那该怎么办呢？带着这些暂时的结论去调研。去和实务部门的人士座谈，听他们对这些经典理论的反驳。要记住哦，当你转述某个理论对实践的解释结论的时候，他们忍不住加以反驳的那些话，往往才是事情的真相。

美国一位名叫布莱克的学者，正是用这种方法进行了调研，最后得出了一些意想不到的反馈。按照这种理论的逻辑，如果黑人坐牢明显多于白人是由于美国警察存在种族歧视的话，那就意味着两个前提必须成立：第一，美国警察都是白人；第二，所有白人警察都会歧视黑人。这显然是不成立的。警察从执法经验的角度给出了自己的解释：其实，之所以美国监狱黑人较多，完全是因为抓捕黑人执法成本更低。

因为白人一般经济条件都比较好，很多犯罪活动都是在封闭的住宅或私人空间里完成的。而黑人经济条件较差，犯罪往往在街头进行，而且人数较多。所以，如果去抓白人，往往要经过非常复杂的令状申请程序，但是，如果在街头直接抓捕，就会大大降低执法成本。

所以，在面对经典的时候，自己暂时还没有思辨能力，不要紧，带着这些结论去和实务人士聊天，去反刍你的经典阅读。在这个基础上，不断矫正自己对于经典理论的认识。

不论我们将来是否从事研究工作，也不论我们将来是否还会继续留在法律行业，我想，能在年轻的时候就养成在理论和经验之间不断往返、互相矫正的思维习惯，都将会让我们受益终身。

我自己现在的读书状态也是如此，早上"理想国"，晚上"家常菜"。

很可能早上的阅读体验非常糟糕，很多概念搅得我头昏脑涨，也不知道如何落地，但是晚上很可能在做菜的过程中，就会突然醒悟，加盐少许和治国理念之间的神秘关联。

这个时候回到书房，你不就可以马上写出一篇政治随笔《治大国如烹小鲜》了吗？

所以，不要害怕理论，关键是这些理论有没有经验来源，能不能还原到经验世界。如果不能，那就是学术世界里的不明飞行物，我不知道学这种庸俗理论的屠龙之术，对于根本不想做学问的你们，究竟有什么意义。

其实，最可怕的还不是学了没用的屠龙之术，而是不会反思自己的魏晋风度。

这次信写得可够长的了。就到这里吧。

祝好！

20　历史之真与逻辑之真

> 训练思维逻辑的时候，也许，我们可以把对历史真实的执着暂且放下，根据我们不同的认知需求，来选择适合这一认知活动的思维形式，也许，就是这封信最重要的目的。

少文老师：

我记得您曾经给我们讲过一个商业思维的案例，大意如下：某培训机构希望能够扩大市场，就找到新东方作为对标企业，在概括其教学元素和经营特色的基础之上，通过反向思考对自己进行战略定位。比如，新东方的教学元素分别是英语科目、大学生群体和暑假时段，它们的市场战略就定位为数学科目、小学生群体和周末时段。后来，这家机构迅速崛起，在很短的时间内成为培训界的领军企业。您特别推荐这种思考模式，希望我们都能将其迁移到自己的生活中来。但是我有一个疑惑，根据我对这家机构的了解，他们可能并没有您所说的那么高瞻远瞩，最开始可能就是要做小学生市场，后来不得不选择数学科目，继而只能利用周末，他们可能并非基于您所说的逻辑推演作出了这样的战略选择，而更多是基于市场定位所作出的连锁反应。所以，您对他们的推崇，我觉得是不是不太符合事实啊？

——高吉

高吉同学：

感谢你的质疑。

但是，你说的是历史之真，我说的是逻辑之真。

什么意思？

你检索这个案例的目的是逼近事实真相，而我学习这个素材的目的却是提炼思维模型，他们当初是否真的这样讨论过，是否真的这样思考过，我其实并不关心。

只要我能通过这个素材，提炼出一个哪怕不符合事实的思维模型，但能够帮助到我自己的工作，就可以了。

你是在做求真的历史研究，而我则是在做求用的思想实验。

所以，谈不上对错，目标差异决定了方法选择。

但是，这种区分"历史之真"和"逻辑之真"的思维方式却至关重要。否则，我们就会在需要迁移运用的场合，仍然纠结于所谓的"真实"，从而大大限制了我们能从历史之中所得到的智慧与启发。

最能体现二者区分的，就是我们非常熟悉的社会契约论。

所谓社会契约论，就是为了克服自然状态下人类生存的困境,从而彼此之间订立政治契约,通过交出其自然权利的方式形成国家,借以保障每个订约者的人身和财富的一种国家起源学说。经典的社会契约理论作家,有格老秀斯、洛克、霍布斯和卢梭等。

与格老秀斯和洛克小心翼翼地从历史经验中寻找经验事实的态度不同的是,霍布斯和卢梭都采取了严格区分"逻辑真实"和"历史真实"的理论立场。

比如,按照霍布斯在《利维坦》中所提出的理论,人们在进入社会契约之前的自然状态下,由于人类本性,处在一切人反对一切人的战争状态,人与人之间就像狼一样,没有善良与邪恶,只有欺诈与暴力。

《利维坦》第十三章"论人类幸福与苦难的自然状况"中,将自然状态描述为"人们不断处于暴力死亡的恐惧和危险之中,人的生活孤独、贫困、卑污、残忍而短寿"。

但是,恰恰就是这样一个社会契约论赖以成立的前提——自然状态,究竟是否真实存在过,霍布斯却并没有给出完整的证明。

在回应人们对此的质疑时,霍布斯通过生活中的个人经验、美洲的现实、英国的内战以及国与国之间的现实,来加以回应。

但问题是,对于国家和政府诞生之前是否存在这样一个自然状态,霍布斯却没有给出任何有效的证明。

正因如此,霍布斯的传记作者马蒂尼奇甚至明确指出,霍布斯本人也承认,"我也相信绝不会整个世界出现这种状况","人人相互为战的状态在任何时候都从没有存在过……"

要知道，如果自然状态这一理论前提没有得到历史事实的有效证明，霍布斯建立在这一逻辑起点基础之上的整个理论体系都将不复成立。

而这，对于一个以几何学的逻辑推演作为方法论基础的政治哲学家来说，是不可想象的理论硬伤。

如果说，霍布斯已经意识到这个问题，但在论证时左右逢源，企图蒙混过关的话，这一质疑到了卢梭那里，就已经不是问题了。

卢梭对社会契约论的革命性发展，其中之一就包括再也不把人类的自然状态和相应的社会契约看作真正发生过的历史事实，而是直接把"历史之真"和"逻辑之真"切割开来，直接承认所谓的自然状态只是他的一个理论假设，他明确表示：

切莫把我们在这个问题上阐述的论点看作历史的真实，而只能把它们看作假设的和有条件的推论，是用来阐明事物的性质，而不是用来陈述它们真实的来源。

这种区分"历史之真"和"逻辑之真"的思维方式，极大地影响了后世的政治哲学研究。

比如，著名的罗尔斯教授所提出的"无知之幕"和"原初状态"的假设，就是其宏大正义理论的两大基石，而它们在历史上是否真实存在过，已经不再被视为其理论能否成立的关键。

其实，整个西方的学术体系内，大量存在这种逻辑和历史不一致的现象。

讲到这里，我想，你应该对我所说的"历史之真"和"逻辑之真"有了直观的感受。

但是，你可能仍然不清楚的是，这种区别二者的思维方式，可以如何为我们所用？

我觉得，对于法科生而言，最好理解的应该是犯罪论体系。

真实的犯罪过程就相当于历史考证，而在之后启动的刑事诉讼程序中，对犯罪的认定就相当于逻辑还原。

显然，犯罪发生的历史过程和认定犯罪的逻辑进程恰好是不一致的。

比如，行为人以故意的犯罪心态实施一个杀人行为，行为与责任是同时存在的。这是真实的历史过程。

但是，在认定犯罪的时候，这种历史过程就不再重要，我们要根据逻辑上建构的犯罪论体系，对犯罪行为进行两阶层的考察与认定，先判断行为是否具有违法性，然后再去判断行为主体是否具有可谴责性。

历史与逻辑，这本来就是人类的两种认识活动。自然应该对其有不同的认识论的要求。

再比如，高等数学教材的章节顺序依次是极限、微分（导数）和积分，可是在历史上，这个顺序却正好颠倒过来。

人们最早是对积分产生认知，因为在人类生活早期，就会遇到求物体面积和体积的实际需要，而求切线、极大极小值的时候又需要导数的概念，但是，这些任务相对于求面积和体积，其迫切性要小很多，所以到后期才出现。

直到牛顿时代，积分和导数的运用已经相当自如了，微积分的极限基础才在牛顿死后一百多年宣告完成。

你看,如果我们把科学史的发展过程看作历史认知,而把学生学习数学知识体系的过程看作逻辑认知的话,就很容易理解,如果老师的讲授顺序严格按照事物发生的真实顺序进行,不但时间不够,而且效果可能也会适得其反。

训练思维逻辑的时候,也许,我们可以把对历史真实的执着暂且放下,根据我们不同的认知需求,来选择适合这一认知活动的思维形式,也许,就是这封信最重要的目的。

对商业史的学习,对象不在历史,而在商业。目的不在真实,而在迁移。

所以,我选择了逻辑之真。

希望能对你有所启发。祝好。

21 结构化做事是最好的时间管理

> 人成熟以后,可以把一些机会当诱惑;但年轻的时候,总会把一些诱惑当机会。每个将来的牛人,其实都是在一个固定方向上进行优势强化的"单向度的人"。每个阶段的人生,都有那个阶段需要具备的特定能力。老年最需要的,是取舍的能力。中年最需要的,是平衡的能力。而年轻的时候最需要的,正是多任务并发的能力。

少文老师:

读研以后,感觉比原来累多了。老师经常会布置大量的阅读任务,所有课程都要撰写论文,再加上发表论文、调研实习的要求,还有自己的学习计划,班级的杂事,必须出席的活动,我明显感觉到时间不够用了。您有什么好的建议吗?

——庄胜

庄胜同学：

你好。

你说的其实就是时间管理的问题。

不用我说，你也一定听过很多时间管理的课程，至少，知道一些基本的时间管理方法。例如，所谓的"四象限法"，即把事情分为重要而紧急，不重要而紧急，重要而不紧急，不重要也不紧急四类，并按以上顺序依次处理。

但实际执行的效果，我想，肯定是不好的。

只要你一直把注意力集中在紧急又重要的事情上，你就注定永远手忙脚乱。因为，在你做事的过程中，又会有大量"重要而不紧急"的事情随时转化为"既重要又紧急"的事。

你必须想些办法，在平时就不断分解那些不紧急的事情，以免他们随时变成不速之客，让你无暇对你的时间做宏观的战略安排。

我在读书的时候，也经常遇到你这样的困惑。

人成熟以后，可以把一些机会当诱惑；但年轻的时候，总会把一些诱惑当机会。

所以，过去的我会不断往自己身上累积各种事务：所有约稿照单全收，四处申请翻译选题，讲课邀约概不拒绝……结果，自然是心浮气躁，每天疲于奔命。

减法生活，对我而言，就像一个"生活的乌托邦"。

直到有一天，我认识了一个师长，他和我说了一段话，让我如梦方醒。

他说，如果有一些事情你必须去做，那为什么不把这些事情放入一个结构里,让它们彼此之间产生关联,并最终形成可视化的成果呢?

例如,如果你必须调研、写作、讲课和阅读,那就可以确定一个特定的主题,在这个框架下安排阅读书目,并把主题阅读的成果研发成课程内容,然后就讲课中形成的困惑进行主题调研,总结阅读和调研的成果,最终撰写成研究论文,再以研究去申请课题。如此周而复始,完成一种读、学、研的有机循环。

他说,不能转化为有形成果的努力都是耍流氓。

如读书。

复读的结果,仍然会是遗忘。因而,阅读的成果,绝不应该是另一次阅读。

阅读的成果应该是复述。

看完书以后立即把书中的内容变成一堂课程,用口语思维重构书面逻辑。与其复读 20 次,不如复述 20 遍。不但锻炼了口才,还积累了口碑。

以输出倒逼输入,事半但是功倍。

而且,最关键的是,这种依靠阅读赚取的授课财富可以让我们省掉大量为生活奔波的时间成本,从而有更多的时间投入阅读和思考。

作为一个成年人,你必须面对生活和积累这两个矛盾的选项并努力做好平衡。

我现在的生活就如连岳所说:课酬可以供养我离群的生活,让我有大量的时间专注于读书和写作,又以读书和写作供给我充足的知识储备,然后继续四处游历,如此周而复始，代表着我生活的某种循环。

如果我们凡事都能以结构化做事的思维来加以思考，很多时候，就可以最大限度地发挥时间的价值。

例如，之前，我每天都会要求自己阅读150页书，但看书没有任何计划，往往东敲一头，西敲一棒，杂乱无章，只是名义上用功，但实际上做的都是无用功。现在，我会把要阅读的书目进行结构化设计，往往每个月都会安排主题阅读，并以形成一场讲座为目标，对阅读中获取的各种信息进行重组和取舍，讲座完成后我会形成书面文字稿。这样一可以作为将来出版之用，二可以在将来的阅读中，不断吸取新的素材进行升级。当我们书架上的书，都经过这样结构化的重新组合，并形成若干知识脉络，今后的所有信息都可以在这些脉络中自动归位，那种阅读的快感，就叫"六经注我"。

又如，以前，所有的讲课邀约我都会照单全收，结果每周飞来飞去，不断重复自己的浅见陋识，挣一些说多不多、说少不少的课酬。后来，有了结构化思维以后，我就开始有意识地减少讲课次数，只有几种情形会接受邀约：第一，有全新的授课内容，将来可以结集成书；第二，安排调研式交流，由我来拟定具体讨论话题，邀请在这一领域内有10年以上经验的实务人士进行座谈，严格控制参与人数以保证交流的务实感。

有一次，我到一个律所参观，要求就"更换辩护人的程序问题"进行座谈，短短1个多小时的交流下来，干货满满，稍做理论的整理和归纳，就会是一篇极有价值的学术文章。几年下来，这种结构化做事的思维方式大大提高了我对时间利用的效率。

因此，我对研究生的要求也是，不论你有多少杂事，都要用结构化的思维去对它们进行审视。

能够纳入一个结构的事情，可以多做；而不能纳入一个结构的事情，就要尽量拒绝。

如果你既要完成课程论文，又要阅读，还要做课题研究，同时还要撰写毕业论文和找工作，即使三头六臂，也难以分身。那我就建议你用结构化的思维进行取舍和安排。

如果你立志做一名刑辩律师，而且对职务犯罪辩护更感兴趣，我就建议你根据就业取向对读研生活依次倒推。

我会建议你在3年内集中阅读有关职务犯罪的经典判例。在阅读过程中形成的理论疑点，再去找经典著作进行回溯性的理论学习，所有课程的期末论文都尽量围绕这个主题进行撰写。在经典著作中无法获得满意解答的问题，可以记录下来并拟定调研提纲。然后有针对性地选择实习单位，对经验丰富的业务骨干进行实务调研，最后结合理论和实务两部分心得总结成毕业论文。在撰写过程中就可以将毕业论文的成果拆解发表在一些有影响力的专业自媒体上，结集后可以和简历一起投递给用人单位。

你看，虽然要做的事情还是那么多，但是，因为你进行了结构化的设计，每一步都为下一步奠定了扎实的基础，因此每一步都显得步履轻松，而又有丰厚的成果。这样，虽然你才刚刚毕业，但是你在职务犯罪方面的积累，其实很有可能远远超过一些执业多年的资深律师。

在年轻的时候，不论你听过多少减法生活的理论，实际上你都是做不到的。一个正在追求和创造的年纪，怎么可能不断拒绝对外在世界的试探呢？

但是，年轻的时候至少可以做到一种减法生活：合并同类项。能合并在一起的事情，可以尽量增加。而不能合并的，则尽量拒绝。无关的事情不做，有关的事情反而要多做。

这背后，其实就是结构化做事的思维方式。

每个将来的牛人，其实都是在一个固定方向上进行优势强化的"单向度的人"。每个阶段的人生，都有那个阶段需要具备的特定能力。

老年最需要的，是取舍的能力。

中年最需要的，是平衡的能力。

而年轻的时候最需要的，正是多任务并发的能力。

任何人的成功都是在既定规则约束和多重角色冲突下的成功。

难的不是你辞职后复习2年考上了哈佛，难的是你既要照顾孩子，又要正常上班，复习了1年以后通过了司法考试。

只有后者，才能被称之为优秀。

结构化做事，才是最好的时间管理。

祝好！庄胜同学。

22 所谓创新，就是重新定义

> 记住，微创新的时代，跑在你前面的人，就是你的对手。而在颠覆式创新的时代，跑在你上面的人，才是你真正的对手。
>
> 你是因为没有想到而没有行动，而不是因为条件不成熟而没有行动，这两者之间有着云泥之别，千万不要自欺欺人。眼高，手不一定能到，但眼低，手一定高不起来！

少文老师：

我暑期参加了一个法律科技公司的项目实习，团队成员的平均年龄只有 25 岁左右，团队领导在接到一个新项目时，都会组织我们进行头脑风暴。我发现其他同学思维都非常活跃，轮到我的时候，总感觉自己头脑里一片空白，不知道从何说起。团队成员帮我分析问题时经常会提起，一定要有创新意识，才能适应法律科技公司的团队风格和工作节奏。我知道"创新"这个词的表面含义，但不知道有没有一些具体的方法？

——特纳

特纳同学：

你好。

的确，我们听到过很多理念，但仅仅是理念，从来没有人告诉我们，如何把理念转化为现实的方法论，今天这封信，我们就来聊聊这个话题。

其实，创新有两种，"微创新"和"大创新"。

所谓"微创新"，其实就是小改良。

比如，有一家传统的罐头加工企业，专门生产黄桃、苹果和杏这三种水果的罐头，主要销售范围集中在国内的餐饮烘焙市场，但是企业也希望能够摆脱大客户的束缚，打入快消品市场。

但是，谈何容易？！

快消品市场早已是一片红海，各种产品过度供给，市场增长长期乏力。

但是，营销公司靠卖创意挣钱，越是在别人看来不可能的事情，越能体现创意工作的价值。

一般人能够想到的创意，无非就是在现有水果品种的基础之上，再增加新的品种。但是，他们偏偏要另辟蹊径，找到新的思考路径。

首先，他们对既有的产品做了分析，改变了传统上对水果种类进行简单拓展的横向思考模式，而是从原料级别入手，发现水果罐头的成品按照完整程度的不同会有不同的级别，而边角碎料无疑是最低级别的原料。

那么，能不能从这个传统意义上的废料入手，重新思考做一款产品呢？

营销公司想到的创意方案是：将边角碎料打成水果泥，找到另外一个同样含有水果成分的对标产品——老酸奶，将水果泥分装到和老酸奶包装近似的塑料碗里。这样一来，就在消费者心目中形成了和老酸奶这个品类的对比和参照，而因为罐头厂的边角碎料几乎是边际成本最低的资源投放，和老酸奶的成本结构完全不同，这种价格对比很容易让水果泥产生巨大的价格空间，从而成功实现了罐头公司打入快消品市场的战略需求。

你看，这是颠覆式创新吗？

很难说。

这个产品方案并没有真正做出任何意义上的新产品，而仅仅是在产品定位和市场对标上做了一种重新组合，就取得了巨大的成功。

你想过没有，这个创意的背后，有一种思维方式在指导着这家营销公司，如何去实现有价值的战略组合。

比如，他们打破了在现象层拓展水果种类的产品设计思路，而是在逻辑层将水果划分为完整水果、不完整水果、边角碎料三个层次，从而在边际成本最低的边角料层面实现了创新。

再比如，他们没有孤立地策划产品的营销方案，在广告资源上投放巨资，而是聪明地选择了一个近似品类，进行紧贴式的包装和风格设计，从而让消费者自动形成价格锚定，迅速实现了新的产品定价模式。

一个是逻辑层的抽象思维，一个是对标物的联想思维，更重要的是背后对产品设计成本和营销成本的边际思维。

要培养创新思维，真的可以多去琢磨各种成功的商业案例。

其实，为人推崇的苹果公司的所谓创新，不也就是这种组合式的微创新吗？

早年 iPod 对 mp3 的革命就是一次外观的微创新，先加入一个东芝小硬盘，再加一个小屏幕，就成了 iPod Touch，再加上一个通话模块，就有了 iPhone，再把屏幕拉大，就有了 iPad。但是，为什么这么简单的创意，全世界的公司都想不到呢？

一个又一个微创新的积累，培养了市场，也等来了产业链的成熟和基础设施的完备，而这个时候，颠覆式创新就水到渠成。

接下来，我们可以聊聊今天的重点了——如何实现颠覆式创新？

我的方法很简单，就是四个字——"重新定义"。

我先考你一个问题，如果你是一位冰箱生产企业的董事长，在竞争惨烈的家电市场中，如何让自己的品牌脱颖而出？

你能想到的，肯定往往都是传统创意，最多就是上面提到的微创新。

比如，降价销售，占据优质媒体资源的广告营销，把三百升的容积提升为五百升大容积冰箱，把两开门冰箱变成三开门，改善箱内照明系统，优化冰箱搁架设计，升级门体隔热材料，等等。

且慢，我不想听了。

你知道什么是红海吗？红海不是指品牌众多，市场增长缓慢，而是指微创新泛滥，且门槛极低。每种微创新都无法迅速抢占市场心智，任何微创新都可能被迅速模仿，从而无法建立不可动摇的品牌形象。

所以，所谓的红海，是指微创新的边际效应递减的市场。

那么，所谓蓝海，就是对传统的需求提供的产品或服务进行了颠覆式创新的市场。

为何不尝试给冰箱重新下个定义呢？

当你思考这个题目的时候，你头脑里闪过的不应该是在现象层拆分成门体、搁板、容积的冰箱构成，而是在逻辑层作为整体的冰箱功能。

若非如此，就无法回答这样的提问。

它逼着你回到商业的原点去重新思考你的产品逻辑。

试试看——

传统冰箱的定义，是保持低温的一种器具，通过使食物或其他物品保持恒定低温冷态以避免其腐败。

而我对冰箱的重新定义则是——通过低温方式保存食材，对客户营养饮食结构数据进行输入和分析，并和食材供应链进行动态配比及输送的终端设备。

是不是有瞬间被点燃的感觉？

对，一旦想到这个定义，整个行业就可能会被颠覆。

传统上，冰箱公司都困扰于利润空间狭小，业绩增长缓慢，技术革新困难。但是，这个定义所引发的战略思维却很有可能将我们引向一个崭新的赛道，甚至会改变冰箱行业的商业模式！

既然冰箱本身利润微薄，为何不开辟另外一个收费空间，将冰箱改为赠送，完成对市场的占有，最终靠整合蔬菜、水果、肉类食物供应链，甚至是将来的家庭营养师行业服务链来谋取新的市场地位。

这种创新思维模式，不就是商业大佬每每颠覆传统行业的思维路径吗？

不用我多说，你一定可以立即依葫芦画瓢，对马桶也作出颠覆式定义。

它再也不是一个处理排泄物的器具，而是一个采集和分析人体健康数据的终端设备，它可以介入家庭私人医生和私人医院的服务链，从而获得全新的产品逻辑。

到了这个时候，你会突然发现，其他公司是否已经对马桶做出外观和材料上的微创新，已经全然不在你的考虑范围了。

你们的竞争已经完全不在一个层面了。

记住，微创新的时代，跑在你前面的人，就是你的对手。

而在颠覆式创新的时代，跑在你上面的人，才是你真正的对手。

你们已经在不同的层级做不同的生态圈了。

讲到这里，我必须打住了。

我太了解一般人的心理模式了，当他听到一个足以改变他一生的思维模式的时候，他的本能反应不是兴奋，而是立即联想到困难，并马上陷入焦虑情绪。

不用说，你现在很可能就是。

好吧，我暂且停下脚步，事先声明，我只是在告诉你进行创新思考的思维路径，如果想颠覆，就去重新定义，如果想超越，就去进行逻辑拆分和对标联想。

我承认，对于商业而言，不是所有行业都适合颠覆式思考，即便是乔布斯，也是积累了一个又一个微创新，才完成后来的伟大跨越。

况且，商业产品的创新还要受制于商业环境、基础设施、市场观念等多种因素的影响。在食物供应链和服务供应链还不成熟的当下，即便我们想到了一些伟大的创意，可能也无法马上付诸实际行动。

但，这并不代表我们的思维可以因此受限，你是因为没有想到而没有行动，而不是因为条件不成熟而没有行动，这两者之间有着云泥之别，千万不要自欺欺人。

眼高，手不一定能到，但眼低，手一定高不起来！

其实，只要我们不自我设限，在商业之外，你手头的很多事情，都可以先用颠覆式思维重新思考一遍。

更多的场合，是仅受思维左右，而不被环境影响的。比如，团队管理，时间管理，职业规划。

给你正在思考的事物重新下个定义吧，你可能会迎来完全不同的一个全新世界。

然后带着被训练出来的头脑，进入任何一个行业，等待改变世界的机会。

祝好。

23　如何坚守底线？

> 我们绝大多数人其实都是普通人，有很多现实的压力和责任，不可能都像斗士一样"冲冠一怒为正义"。但既然你有办法曲意逢迎上级的好恶，也一定有办法找到正义伸张的空间，闪转腾挪。

少文老师：

这两天，重庆原检察官幺宁辞职做律师的消息在朋友圈刷了屏，律师界对幺宁当年在法庭上对被告毫无事实依据的道德指控仍然余愤难平，很多人希望她在加入律师队伍之前首先对当年的行为道歉。这件事对我触动蛮大的。我偶尔也会设身处地地去设想，假如我是幺宁，在当时的领导压力和舆论氛围之下，在坚持良知和丢掉饭碗之间，会做出何种选择。我一直没有想出让自己满意的答案。我很想知道，一个年轻人，面对生存的压力和做人的底线，究竟该如何进行选择，我们要如何坚守底线？

——晓芒

晓芒同学：

你好。

能在本科阶段就问出这样的问题，我首先要为你点个赞。

不知道你看过《恐怖的法官》这本书没有，推荐你看看，这本书讲的是纳粹时期的司法，以及战后对纳粹法官的清算。

中间提到一个历史细节，1920年，德国魏玛共和国发生了一起历史上最严重的叛国事件，也就是卡普叛乱。叛乱使中央政府被迫逃亡柏林，甚至将德国引向了内战的边缘。

但在之后的司法过程中，叛乱者却只有1人被判有罪，而且被处以法定最低刑——5年拘禁。虽然开始时有507起刑事犯罪受到了调查，但在后来的大赦中，绝大多数指控都被撤回。

按照当时《赦免法》的规定，叛乱领导者不能适用大赦，为了满足赦免条件，法院竟然将所有叛乱分子都列入追随者名单，也就是说，整个叛乱在法院看来竟然是一场没有领导者的自发行动！在慕尼黑，法院甚至把一个本来就不用承担刑事责任的可能患有精神病的裁缝作为叛乱的领导者之一，从而蒙混过关。在对叛乱重要领袖之一冯·亚高的审判中，甚至连政府公诉人埃伯麦耶也一再强调被告"无疑具有高尚的动机"。

当然，这个例子有着非常复杂的历史背景，也许放在这里并不合适。

我再给你讲一个中国的例子吧。这样也许更贴切些。

"文革"期间，一个名叫张扬的年轻人写了一本小说《第二次握手》。在那个年代，人们已经习惯于阅读以工农兵为主角的文学作品，而这本小说却描述了知识分子曲折的事业、生活、爱情，因而迅速引起读者的广泛关注。

因为在小说里歌颂了被"四人帮"视为眼中钉的周恩来总理，作者张扬为自己招来了牢狱之灾。

1975年的1月，张扬被带到了长沙的鹿洞里监狱。

欲加之罪何患无辞，最终，《第二次握手》被定下"四大罪状"，张扬面临被判处死刑的危险。

1976年8月31日，厚厚一大摞的"张扬案卷"交到了湖南省法院审判员李海初的手中。按照当时的政治环境，如果李海初据理力争，这个案子可能就会立即交给别人办理，而张扬也可能就此被处以极刑。思前想后，李海初决定采取一种迂回的办法保护张扬。既不能办这个案，又不能不办这个案。

按照当时的办案程序，一个案子落在哪个法官手里，放多久，是没有明文规定的，于是，李海初法官就揽了很多案子过来，让自己的座位堆满案件。

当上面催着要判处被告死刑的时候，他就回答，"这么多案子，我总得一件一件来吧"。

就这样，李海初法官硬是把案子拖到了"四人帮"被粉碎后，张扬终于捡回了一条命。而李海初法官，也用这种办法救下了许多本可能就此告别人世的生命。[1]

我们绝大多数人其实都是普通人,有很多现实的压力和责任,不可能都像斗士一样"冲冠一怒为正义"。但既然你有办法曲意逢迎上级的好恶,也一定有办法找到正义伸张的空间,闪转腾挪。

你可能又会问:万一真的没有这种空间,又该如何呢?

老实说,我也不知道答案。

但是,如果你真的没有办法避免,可否不要把这些作为你的进职之阶呢?前者可以说是迫于生计,而后者就只能说是出于欲念了。

再或者,像西方哲人所说的那样,用千万件好事去抵消一件罪恶?

在你从事任何一个职业之前,你都必须告诉自己,要么让自己不可替代,要么积攒随时走人的资本。这样,你才能真正不忘初心,否则,一切原则都是不切实际的标榜而已。

你有这样为坚持底线所做的准备吗?

没有这些,你觉得所谓的职业道德,真的能够守住吗?

不是不能,而是很难。

去年,我看了一部传记影片《阿伦特》,这是每一个即将走上工作岗位的法科生都应该看看的电影。

以研究极权主义和邪恶闻名的德国犹太裔哲学家阿伦特,这位海德格尔的得意弟子,在以色列审判纳粹战犯时

---

[1] 参见张扬:《我与〈第二次握手〉》,中共党史出版社2007年版,第八章"法官李海初"。

为其辩护，认为他们在遵守命令的思想指导下放弃了思考，从而犯下了许多平庸之人都可能犯下的滔天罪恶，犹太领袖更在这场屠杀中起到了配合的消极作用。

面对汹涌而来的批判和威胁，阿伦特在被迫离开讲台之前告诉学生，她从未试图为纳粹开脱，试着理解并不等于原谅罪恶，而学者应将理解视为自己的职责。

大部分人，在职业角色中所犯下的过错，其实都是出于这种"平庸之恶"。

其根本原因，就在于对生计的恐惧和对升迁的渴望。

前不久，美国代理司法部部长坚决拒绝执行特朗普的移民禁令，在遭到后者开除之后，她立即转身成为一名执业律师。她说："法院的任务就是追求正义。为对的事挺身而出，这是我的职责。目前我无法相信维护特朗普的行政命令符合我们的责任，我也不认为行政命令是合法的。"

当听到这则新闻的时候，我就在朋友圈里写下这样一段话："如果司法部部长能够在辞职后随时改作律师，他一定会有这种坚持原则的勇气。如当年'水门事件'。但是，如果他辞职以后没有谋生的能力，我想，他只能甘做一个奴才。所以，永远不要让自己失去这层能力。如果身在一种体制，而能为自己准备好退路，我会推测，他是在随时准备离开他不认同的东西。"

其实，每个人都有实践自由的空间。

几年前，我参加了一次在单向街书店举办的讲座。在主讲人刘瑜结束发言后，一位年轻读者站起来提问："刘老师，您刚才说的很多内容都让我热血沸腾，但是我转念一想，当我回到原来的工作单位的时候，您教我们坚持的那些理想又有多大的价值呢？领导的命令你能不听？长官的话你能不从？所以，每次参加这样的活动之后，我都会有很深的虚无感。不知道刘老师您怎么看这个问题？"

刘老师微笑着接过话筒，娓娓道来。

"你说的感觉我也常有。不过，我想告诉你的是，哪怕你现在只是一个学生，也可以多买我的一本《民主的细节》并传播出去，让这种观念的土壤变得更加的肥沃。哪怕你现在只是一个囚犯，你也可以在狱警喊你名字的时候，迟疑5秒再做应答，让强权感到一丝的不快。每一种职业、每一种状态、每一个阶段都有实践自由的空间。我们要发现并掌控这种自由。"

这也正是我想对你说的。

这次信写得有点长，可以慢慢再看一遍，你会找到答案的。

晓芒，过来人常和我们说，人在江湖，身不由己，好像有理。但问题是，你为什么要在江湖里一直待着？不要忘了，世界之大，还有天空与海洋。

祝好，晓芒同学。

24　找到父母的真实需求

> 任何沟通的失败，其实都不是表达能力和论证能力的失败，而是源于一开始，双方就没有找到对方真实的心理需求。你以为和父母坐下来交流，就能称之为沟通吗？那只能叫谈话。有的时候，甚至只能叫辩论。凡是没有找到真实需求的沟通，都是耍流氓。

少文老师：

快毕业了，我和父母就我毕业后的工作深聊了一次，不过谈得很不愉快。我说我想去北上广做律师，不想回家乡待在机关里，过他们一样平庸的人生。我的同学当初听父母的话回去，现在看同学在大城市混得风生水起的样子，悔得肠子都青了。QQ签名都改成了："我心已死，有事烧纸。"我真的不想过这样的日子。但是每次沟通都闹得全家很不愉快。我知道他们关心我才会干涉我，但我真的觉得好沉重，为什么他们不能让我过自己想过的人生呢？少文老师，想找您吐吐槽，您要是没有时间，就不用回复我。

——晓君

晓君同学：

你好。

你不是想做律师吗？

可你知道对于律师而言，最为重要的能力是什么吗？

是识别客户的真实需求！

我曾经给学生推荐过一本实务书——《律师非讼业务的专题讲座》，在这本书里，作者阮子文律师提到过一个识别和引导客户需求的案子，我觉得很有代表性，转述给你听。

有一天，有个客户找到阮律师，表示自己经常被丈夫家暴，早已没有了感情，希望阮律师能够帮助她打一场离婚官司。

表面上看，离婚似乎是这位客户的现实需求，律师只要想办法帮她把婚离了，这起委托就算齐活了。

但阮律师没有这样想。

他迅速判断，离婚可能并不是客户的真正需求。不再被家暴、多分财产才是。

不再被家暴可以通过分居来解决，而多分财产可以通过离婚得到解决吗？

经过仔细地聆听，阮律师了解到的现实情况是，他们夫妻之前成立了一家文化传播公司，夫妻所有的资产几乎都在这个公司里。一旦丈夫把团队和市场全部拿走，重新换一个马甲注册一个公司，即便起诉到法院成功离婚并能够平分公司股份，也只是工商登记的一个数字而已，而无法转化为现实的财产。而这对于与丈夫一起辛苦创业、打下江山的女方而言，显然太不公平。

所以，当务之急，其实并不是如客户所说的那样拿到一纸离婚判决书，而是换个思路，先把团队拿下，再换一个马甲把市场拿下，再慢慢和她丈夫打官司，打十年、八年都没有问题。

客户听完阮律师的分析，豁然开朗，这才意识到离婚可能真的不是现阶段自己真正的需求。

一场诉讼官司就这样被律师成功引导为一场非讼案件，最终的结果也的确比直接离婚要更符合客户的利益。

你还是学生，可能会觉得律师应该劝和不劝离，是吧？那咱们先不讨论这个问题。我再给你讲一个刑事方面的真实例子。

有一个律师接受了司法局的指派为某高官辩护，在第一次会见的时候，这名官员还没有等律师坐稳，就直接来了一句，"你回去吧，我不需要律师辩护。"

设想一下，当时如果换了是你，你会作出何种反应？

转身就走？对怼回去？愣在那里？

那你就太不成熟了。

遇到任何沟通障碍的时候，一定要像个律师一样思考：这是他的真实需求吗？

这名律师迅速调整了情绪，说出了以下这段话："王局长，如果您只是对我个人不满意或不信任，我可以立即让贤给更适合您的律师。但是如果您觉得无论哪个律师介入进来都无法帮到您的话，我想告诉您，以您案子的严重程度，按照法律规定是必须要有律师辩护的，而且您只能拒绝一次。如果换的律师您更不满意，那个时候就没有任何机会辞退了。所以，我劝您不要冲动。"

说到这里，律师敏锐地觉察到这名官员抬眼看了一下他，并有了片刻的迟疑。他意识到，这名官员的真实想法可能是，请任何律师在法律层面都无法给他提供有效的帮助。

因此，律师决定变换沟通角度，找到官员可能和自己达成共识的需求点。

"王局长，即便您对自己的案子非常悲观，我的确没有办法向您拍胸脯保证一定能在最后达到什么样的辩护效果，但至少，现在您的案子尚处在侦查阶段，按照法律规定，在侦查阶段除了律师，其他任何人包括您的家属都是不能和您见面的。而这个阶段可能长达半年甚至更长。我想，这么漫长的时间，您和您的家人一定都非常牵挂彼此，律师至少可以帮助你们通报彼此的信息，您一定很想知道小孙子这几个月的变化吧……"

说到这里，王局长的眼泪已经流了下来。

律师简简单单几句话就迅速捕捉到了客户的真实心理需求并做了有效的引导，此后的法律服务这才有可能顺利开展。

你看，我们在象牙塔里天天学习法律的概念、特征，面对一起真实案件的时候，可能真的没有想过，原来还能这样想问题吧？你说，识别和引导客户需求是不是律师最重要的能力呢？

话又说回来，既然你那么想当律师，为什么不在生活中把每一次沟通当成练习，来培养一个律师识别真假需求的职业思维呢？

任何沟通的失败，其实都不是表达能力和论证能力的失败，而是源于一开始，双方就没有找到对方真实的心理需求。

你以为和父母坐下来交流，就能称之为沟通吗？

那只能叫谈话。有的时候，甚至叫辩论。

凡是没有找到真实需求的沟通，都是耍流氓。

你说，父母反对你去北上广，这其实并不是他们的真实需求，他们真正的需求是，你离家远了以后，就不会经常回去看他们了。

而这种想法，是农业社会的传统思维，好像千里之外，就如海角天涯。

其实，这个时代，只要不在一个城市，距离几乎都没有任何分别。

离家两百里和离家两千里，就是多飞一个小时的差别。

如果你把沟通的话题改为多久回去看他们一次，而不是离家到底有多远，会不会有不同的效果呢？

更进一步，如果你想在毕业的时候能为自己争取到更多的自由，那为什么不在读书的时候，就经常回家看看父母，让他们真的能够慢慢相信，你答应他们的事情，一定会尽力做到，从而换取他们对你去大城市打拼的支持呢？

没有哪个父母会反对孩子追求自己的梦想，他们要么担心你追求不到幸福，要么担心你忘了转身，把他们的幸福带跑。

是不是同意你去远方，是不是同意你做律师，是不是同意你选的男朋友，这些都是最后的结论，而不是最初的需求。

如果你真的想做一名成功的律师，就从识别父母的真实需求开始吧。

在识别需求的过程中，你会真正理解，什么叫作伟大的爱，什么叫作世界上对你最好的人。

然后带着这份理解，去乘风破浪。

咱们下周接着聊。

25　愿意承担责任，才配享有自由

> 所谓真理越辩越明，是指两人之间的充分辩论，会让第三者对问题的认知越来越清晰。而你们的沟通缺乏第三者。所以，不要期待你会说服你的父母。你只需要以沟通的态度履行一次告知程序。
>
> 能够说理时，耐心沟通；不能说理时，礼貌告知；但任何时候，都不要和父母辩论。只有当你愿意承担责任的时候，你才配享有自由。

晓君同学：

你好。

接着上周的话题。

我有个学生，属于典型的纠结型人格。她大学时谈了个男朋友，因为父母反对，后来主动提出了分手。毕业时有一家很好的外地公司准备要她，但因为父母反对，后来也主动放弃。

她每次选择放弃，首先考虑的，竟然都是父母的态度。你是否已经看出了这个同学思维方式上的误区？

在你决定要不要和男朋友发展下去，要不要去一线城市打拼的时候，首先需要考虑的难道不应该是你和男朋友的感情是否牢固，你追逐梦想的信仰是否坚定吗？

先把这个问题考虑清楚，然后才需要去想如何沟通的问题，而千万不能颠倒了顺序，先考虑父母是否同意，才决定一件事情要不要坚持。

怎么和父母沟通，是你决定要不要坚持这份感情之后的次级问题。

如果你们的感情足够好，则父母无论多么反对，你都要坚持。

而不是因为父母反对，无论我们感情有多好，你都要选择放弃。

可我们的生活中经常会犯下这种颠倒思维次序的错误。

有个律师助理，在帮助师父准备出差材料的时候，遗漏了一份律师事务所证明，其直接后果就是师父到了当地看守所以后无法会见，委托人家属会为此非常恼火，后果将非常严重。

助理非常清楚自己此时应该做什么——立即以最快的方式将材料于当天亲自送到师父手中，以避免事态的进一步恶化。但是经过网络查询，当天唯一可以出行的交通工具只有一班高铁，而且仅剩一张价格不菲的商务座，票价几乎是他将近半个月的工资。助理思前想后，最后因为成本太过高昂，而放弃了这种弥补方式，只是给师父发了条短信表示歉意。

后果？你知道的，当然非常严重。他因此失去了这份工作。在接下来近两个月的时间都没有任何收入。

这就是典型的混淆了决策顺序的思维误区。这样的年轻人，恕我直言，可能将来不会有什么大的发展。

明明知道一件事应该去做，但他首先考虑的却是做这件事要支付多少成本，再根据成本来决定这件事要不要做。

以次级问题决定首要问题。就像刚才提到的这个学生，因为和父母很难沟通，就决定放弃本应坚持的梦想和感情。

但是，如果换个思路呢？

助理立即不计成本买了最后一张商务座，以最快的速度赶到当地，把材料交给师父，不但没有造成什么实际的危害后果，反而可能因为这个举动而获得师父格外的加分和信任，从而把坏事变成好事。

只要你确定一件事应该去做，就不要考虑会付出多少成本。

确定好决策的顺序，不要因为成本问题而遮蔽了自己的战略判断。

我把我的分析全部说给这个学生听，她也觉得很有道理。在经过对他们感情的一番评估之后，她得出结论，一定要和她男朋友在一起。这是战略问题。

接下来的问题才是，如何和父母沟通。这是战术问题。

永远不要以战术的困难为借口来否定一个正确的战略。

看到这里你可能会问，那到底应该怎样和父母沟通呢？

我的答案很简单：不用沟通，告知即可。

你不用说服你的父母，因为当你希望说服你父母的时候，其实那不是沟通，而是辩论。

真理不会越辩越明,真理的辩论只会加深彼此的成见。

所谓真理越辩越明,是指通过两人之间的充分辩论,会让第三者对问题的认知越来越清晰。

而你们的沟通缺乏第三者。

所以,不要期待你会说服你的父母。

你只需要以沟通的态度履行一次告知程序。

我也是一个10岁女儿的父亲,我有时也会设想,若干年后,如果我的女儿找到一个男朋友,我唯一可能生气的,并不是我对这个男孩不满意,而是她因为我可能不满意而根本就不来征求我的意见。

我反对的,只可能是你自己都犹豫不决的态度。

在你都举棋不定、没有主见的时候,我必须用我的人生阅历参与你的人生抉择。

其实,家长需要的,往往也只是一次以沟通姿态履行的、态度坚定的告知而已。能够说理时,耐心沟通;不能说理时,礼貌告知;但任何时候,都不要和父母辩论。

如果讨论不欢而散,一定是你自己出了问题。

前段时间,我和我女儿有过一次非常严肃的对话。

她希望能够参加一个活动,要到很远的地方和其他小伙伴独自生活一段时间。

我当然反对。但我想借着压力测试,看她究竟是心血来潮的冲动,还是深思熟虑的决定。

"我坚决反对你这个提议。但我也不会坚持自己的看法。我可以给你机会用3分钟的时间说服我接受你的想法。明天现场报名就会截止,为了让你知道我尊重你的选择,我已经买好了两张机票,只要你说服我,我就会亲自送你过去。但是,如果你说服不了我,我就退掉机票。机会现在在你自己手里。"

年近10岁的她,说自己会承担所有后果,我看到了她坚毅的目光,最终同意了她的选择,并亲自送她去了千里之外,她渴望的活动现场,并独自生活了半年。

我想借这次沟通,告诉女儿,自由的代价是责任。

只有当你愿意承担责任的时候,你才配享有自由。

我希望,将来她和我的所有沟通,都有对责任的担当,而不仅仅是对自由的诉求。

想想你和父母的对话,有多少是在索取自由,又有多少是在承诺责任。

这两周我和你说的,其实远远不止沟通的问题。

祝好。

26 如何读一本传记?

> 线性传记仍然是以历史人物为核心组织所有材料,它首先假设了读者仰视的阅读心理,认为读者应当全面了解这个人物的一切信息。
>
> 而块状传记则正好相反,它假设的是读者以自己的困惑为核心俯视所有与这个人物相关的经历,会给你的生命真正的滋养,而不仅仅是一些充当门面的谈资。

少文老师:

我平时特别喜欢读传记,但感觉就像读小说一样,好像有收获,但又好像没有收获。我看过您书房的照片,似乎您也有很多传记类书籍的收藏,不知道您是怎么读传记的?

——颜安

颜安同学：

你好。

我们读任何书，都要首先设置阅读目标，否则，每本书都平均着力，从第一页读到最后一页，那读书就不是求知，而是集邮了。

要智慧，还是要书柜，这是一个问题。

所以，我们在拿起一本传记作品之前，一定要先想清楚，我们希望通过这本传记给自己的生活带来什么变化。如果仅仅是了解一个名人的一生，其实，不读也罢。

所以，阅读传记一定是为了指导自己现阶段的生活，让自己在面对人生选择时多一些参照系。例如，你现在考研落榜、人生暗淡、前途无望，这个时候就可以去选择20本传记，看传主们在当年求学道路上受到挫折后分别是如何调整，继而东山再起的。每本传记都只读这一个人生阶段的事情，也许，在我面前就会打开一个新的视野，知道在学业受挫后可以有20种人生选择。这样一来，读传记就和我的生命发生了关系。

传记不应该从头读到尾。要带着现阶段生命的困惑去传记的特定章节中寻求答案。

不是翻开一本书去阅读，就能称之为学习的。

我一直认为，不同的书有各自不同的阅读场域。

例如，传记就是应该在遇到人生困惑时翻阅，随笔就是应该在出差途中翻阅，人文历史就是应该在旅行中翻阅。而在图书馆里端坐，就是应该读一些晦涩难懂的专业书籍。

那么，接下来的问题是：如果我感兴趣的历史人物，市面上有很多关于他的传记，良莠难辨，我们又该如何选择呢？

我会选择块状传记，而一般不会去选择线性传记。

什么是块状传记和线性传记？

举个例子，如市面上有关曾国藩的传记，少说也有二十多种吧？怎么选呢？除了一般人都知道的看出版社、看作者、看版本以外，我还比较看重的是传记的写法。究竟是按照曾国藩的生平年表的顺序逐年记录下来，还是将他的一生分割成几个大的板块，然后打乱材料的顺序，按这些问题重新组合排列。

前者就是我所说的线性传记，而后者就是所谓的块状传记。

如果曾国藩的传记标题是少年时代、青年时代、长沙岁月、退休生活，我一般就不会继续看了；但是如果作者能将纷杂的历史资料按照曾国藩的人生功业分为几个大的模块，分别撰述，我可能兴趣就会比较大。

例如，有一本传记就是这样安排篇章结构的：曾国藩一生的五次耻辱，曾国藩和左宗棠关系考，曾国藩是如何脱胎换骨的，曾国藩在北京做官期间的收入和支出……

这就是块状传记。

显然，线性传记仍然是以历史人物为核心组织所有材料，它首先假设了读者仰视的阅读心理，认为读者应当全面了解这个人物的一切信息。

而块状传记则正好相反，它假设的是读者以自己的困惑为核心俯视所有与这个人物相关的经历，会给你的生命真正的滋养，而不仅仅是一些充当门面的谈资。

这种传记的写法就特别适合有明确问题意识的读者。

我个人往往是在生活中遇到了一些具体的困惑，才会去翻看传记。例如，如果我很想知道，一个人如何既能坚持做人原则，又不至于显得太过清高，和周围格格不入，我就可以选择块状传记，专门阅读这一部分的内容，可能只需要抽出 20 分钟的时间阅读完整个章节，我的人生困惑就能得到某种程度的解答。

比如，别人给曾国藩送礼，他以前会直接当面痛斥别人，搞得别人下不了台，但这样做的后果是让曾国藩越来越孤立，很多事情都无法得到助力。后来他改变了策略，他会满面春风地故意收下一件无足轻重的小礼物，而把其他贵重礼物一概退回，并反复表明自己对这件小礼物如何求而不得、爱不释手。这就是一种更高的做人境界，低调地坚持了自己做人的原则。

所以，如果有一天你当了总理，就读读邓小平传记的后半部分；但如果有一天你坐了牢，就去读读曼德拉传记的前半部分。在人生的不同阶段翻看同一本传记的不同章节。

但，万不可，一拿起传记，就从第一页，读到最后一页。

见识过这么多精彩的人生，却总是过不好自己的人生。这样读书，有什么意义呢？

如果你能一直这样，读到传主附体的程度的话，我想，在你遇到下一个人生困境的时候，就能立刻想起不同的人物会分别如何处理你眼前的问题。这个时候，你其实不就能和这些伟人一样去思考，和这些伟人一样去选择，并最终和这些伟人一样去生活了吗？

这个世界上曾经生活过百亿以上的人，你一定要相信，总有一个人和你一模一样。你总有几个好朋友在书里。

打开传记，他来了；合上传记，他就走了。

无相迎之劳，而有相知之乐。

所以，找一个你欣赏的人物，进入他的情感世界和思维模式。全面阅读他的日记、书信、文章、著作的相关章节。活出他的视野和思维方式，这才是真正和你生命相关的传记阅读。

你说呢？

27 如何迅速搭建知识体系？

> 我们不要总是迷信别人给我们开出的书单，而失去了自己对一本好书独立的评价能力。为什么被出版社列为学术名著，我就一定要奉若神明呢？为什么被教授列为必读书目，我就一定要顶礼膜拜呢？他们不知道我的经验困惑，怎么能开出一份适合我的理论书单呢？
>
> 你必须找到你自己选书的尺度，去找到那个要和你厮守一生的经典书目。

少文老师：

我曾经在网上看过您关于读书方法的演讲视频，很受启发。不过，我也有一个疑问，您说的读书方法都很好，但前提是，你所阅读的必须得是一本值得精读的好书。但现在出版物越来越多，良莠难辨，我很想知道，您平时是怎样选书的？有什么方法能够帮您识别一本好书吗？

——亚宁

亚宁同学：

你好。

的确，如何选书，很多时候要比如何阅读更为重要。

就像当一家企业选择了一个能够自我驱动的员工，就不用再费心去管理一样。

男怕入错行，女怕嫁错郎。

最让我们担心的，其实都是前提性的错误。

当代知名学者，与季羡林、张中行、邓广铭并称"未名四老"的金克木先生，在《自撰火化铭》中写道：当年战乱，避难于西南时，"逢史学名家赠以凯撒拉丁原著，谆谆期以读希腊罗马原始文献，追欧洲史之真源以祛疑妄"。

仅有小学学历的金老，为了啃下原典，竟然仅凭一本词典就学会了复杂难解的拉丁文。更让人敬佩的是，他又用同样笨拙而简单的方法学会了英文、法文、梵语等多种语言，终成一代大家。

后来，金老将一生读书治学之心得辑成一本小书《书读完了》，告诫后学：山不在高，有仙则灵；书不在多，有用才行。

有很多书仅仅停留在信息加工和资料分类的描述层面，而没有进行社会科学的因果分析。除非我们需要对该领域进行专业研究，否则就不应该浪费宝贵的精力去阅读。

所以，如果我们会选书的话，书，其实是可以读完的。

最近一期的《鸿观》节目，介绍了主播宋鸿兵自己的选书方法，不妨介绍给你。

宋鸿兵以研究欧洲历史为例，认为一本好书应该同时具备以下三个条件：

第一，它必须有一个理论框架，能够对历史趋势拥有强大的解释能力。

用我的话来说，就是一本经典著作一定要有一个核心命题。如果有，就基本可以确认为一本好书。

例如，马克斯·韦伯的《新教伦理与资本主义精神》的核心命题就是：新教伦理促进了资本主义经济的发展。魏特夫的《东方专制主义》的核心命题就是：独特的治水需要促成了东方社会专制主义的出现。

第二，这个框架之内必须有非常精致的内部结构，能够准确地解释一些更为具体的现象和事件。

第三，这本书还必须具有足够丰富的历史细节，能够让读者极为形象地感知当时的历史境况。

能够同时具备这三个条件的书，可谓凤毛麟角，少之又少。

而一旦符合，就是当之无愧的经典之作。

以沃勒斯坦的《现代世界体系》一书为例。

这套书就符合第一个标准，它提出了非常强大的理论框架，如它从经济结构角度出发，把西欧划入了核心区，把西班牙和瑞典划入了半边缘区，把东欧和波兰划入边缘区。

西欧的经济越来越复杂，农民越来越自由，货币地租替代了劳役地租。

但在波兰，情况正好相反，波兰的经济结构越来越简单，越来越农业化，农民地位越来越低，更像是农奴。

这样一来，西欧和东欧之间就逐渐形成了一种互惠但不平等的贸易关系。

你看，这种理论对于16世纪之后出现的西欧和东欧的大分化现象是非常有解释力的。

但遗憾的是，如果以第二个标准来继续审视的话，这套书可能就不太令人满意了。

例如，为何法国北部、荷兰南部、比利时这个地区能够进化出这么高精尖的社会分工体系？这个细节非常关键，但是沃勒斯坦的理论只是描述了这个现象，而没有给出确切的解释，这个理论框架内部并没有对更具体问题的精细理论结构。

至于第三个方面，可能有人会觉得这本书比较缺乏相关的生动细节。如果让你对没有看过这套书的人转述书中某一个观点，似乎很难找到能够让人眼前一亮的典型事例。

宋鸿兵对这套书做的以上分析，和我选书的方法非常相似，不同的是，我在对一本书进行以上审视之后，还会进一步据此确定阅读这本书的时间和方式。

如果一本书，只是在宏观理论框架上非常有洞察力，但在具体问题上，可能无法给我持续新鲜的理论刺激，也不太可能为我的授课和知识输出提供更多的生动细节，那么我就会比较强调在第一个层面吸收他的结论，并致力于寻找其他竞争性理论，进行横向对比阅读，而不会把精力放在阅读这本书本身的知识细节上。

但如果它能同时满足以上三个方面的标准，这套书的阅读历程就有如冲浪运动一样，给我带来不断的高峰体验，还能在此基础上与他人进行宏观和微观层面的知识置换，那我就会在这样的经典之作上投入更多的阅读精力和时间。

说到这里，你可能会问了，这三个标准，往往是要深入阅读以后才能够判断，而我们今天谈的，又恰恰是在深入阅读之前，如何判断和选择一本好书。这不是矛盾的吗？

其实，不矛盾的。

以金观涛和刘青峰老师的《中国思想史十讲》一书为例吧。

我几乎是在书店随手翻了几页，就认定这是一本值得精读的好书。

首先，我迅速翻看了这本书的目录和前言、后记，了解到这是作者运用大历史观，把思想史的演化与社会的历史变迁结合起来考察的一部著作，全书横向比较了轴心文明的四种超越突破基本形态，并在这一分析框架的基础上去解读中国思想史上的每一次理论变迁背后的逻辑。因此，本书符合第一个条件。

其次，我迅速翻看了中间一个被学界反复探讨过的话题："为何独尊儒术？"在一个被反复研究的领域里如能发前人未发之议论，是判断全书思想高度的最直接有效的方法，经过简单的阅读，我也得到了满意的答案。因此，本书符合第二个条件。

最后，我迅速翻阅全书，特别留意诸如"比如""举个例子"类似的短语之后的事例，不断设想把这些事例作为口语输出为授课素材，会不会迅速增强对听众的说服效果。我的结论是：本书符合第三个条件。

最终，我的决定就是，这半年，我可能会围绕这本书来构建我关于中国思想史的知识脉络，并分配给这本书以最多的时间权重，然后以这本书未能解惑的地方为支点，再去寻找其他书籍进行补充阅读。

由此，我列出了自己根据问题意识而生发出来的阅读书单。

亚宁同学，在这封信的结尾，我很想说：我们不要总是迷信别人给我们开出的书单，而失去了自己对一本好书独立的评价能力。

为什么被出版社列为学术名著，我就一定要奉若神明呢？

为什么被教授列为必读书目，我就一定要顶礼膜拜呢？

他们不知道我的经验困惑，怎么能开出一份适合我的理论书单呢？

你必须找到你自己选书的尺度，去找到那个要和你厮守一生的经典书目。

记住：读书的目的是提升我们的认知，而不是拿起一份书单去打通关。

28　先读脉络，再入细节

> 在还没有建立起一个领域的知识脉络之前，最好不要急于进入它的知识细节。一本好的"脉络书"不仅仅应该提出独到的理论框架和精辟的历史分期，更重要的是，它能够在每次历史的转换环节上提供独特的理论解释。

亚宁同学：

你好。

接着上周的话题，这次我想和你谈谈"脉络书"和"细节书"的概念。

在我们拿起一本书之前，首先应该判断它属于"脉络书"还是"细节书"，并据此决定是否应该阅读。

我的一个总体阅读思想是：在还没有建立起一个领域的知识脉络之前，最好不要急于进入它的知识细节。

用这个方法加以判断，其实很多书真的是不需要读的。

例如，学法律的同学都知道，人类历史上第一部宪法性法律文件是英国金雀花王朝时期约翰王和贵族签署的

《大宪章》。现在有下面这3本书摆在你面前，你觉得应该如何确定阅读的顺序？

一本是《自由的缔造者——无地王约翰、反叛贵族和大宪章的诞生》，一本是《金雀花王朝》，还有一本是《英国通史》。

显然，按照我所说的标准，你可以迅速把《自由的缔造者》定位为细节书，与它相对的脉络书自然就是《金雀花王朝》。

而金雀花王朝相比于英国历史，显然又属于细节书，在进入这部分历史之前，我们显然又需要首先进行《英国通史》的脉络阅读。

很多人看起来一年读了很多书，但几乎都是细节书，而对它们各自所属的知识传统却从无涉猎，导致读了很多，头脑中却没有任何知识体系，任督二脉始终没有打通。

那我们为什么不在游览具体的景点之前，先把知识地图研究透彻呢？

如此一来，我们就可以对手头今年计划的阅读书目进行一次重新审视。你可以看看，在你阅读计划里的那些书目，有多少是还没有整体框架之前就急于进入的细节？

又如，都还没有看过禅宗史，你读什么《六祖坛经》啊？都还没有看过印象派，你读什么《梵高传》啊？

如果你认可我的这个观点，书，岂不是真的可以读完？

当然，也有一些书是不太好判断的。

例如，这本研究东方社会的经典名著——《东方专制主义》。

这是著名的德裔美国学者魏特夫的一部研究极权主义的名著。

也许我们刚拿到这本书的时候，一时还无法分辨它究竟是脉络书还是细节书，这就要求我们不断反问自己，这本书研究主题的上位概念是什么？从副标题可以得知，这本书是极权主义研究脉络中的一本专论，因此，如果你对极权主义学术传统和知识脉络并不了解，那么，你就暂时还不具备直接阅读这本书的知识准备。

你此时应该做的，是去寻找相关的知识脉络。既可以是文献综述，也可以是学术史著作。

通过相关资料的阅读，我们会了解到，在"二战"结束后，有关极权主义的研究在欧洲蔚然成风，但已有的研究往往有这样几个局限：第一，在时间上，仅仅局限于探讨"二战"前后产生的极权主义；第二，在空间上，仅仅局限于欧洲社会产生的极权主义；第三，在方法上，仅仅局限于社会政治结构所产生的极权主义。

而这本书在极权主义学术传统中的突破性贡献就在于：首先，把研究空间转移到了东方社会；其次，把研究时间回溯到了古代东方的专制主义；最后，把因果关系的分析从社会政治结构拓展到了治水需要等这样的地理自然环境因素。

有了这样的知识脉络以后，再进入这本著作的细节，我们就能时时刻刻保持对这本书精髓部分的敏感和体悟，因而也会有更大的阅读收获。

不是吗？

我还想谈谈我的第三点心得。

好的"脉络书"一定有独特的理论眼光，能够对纷繁复杂的现象作出类型化的概括并进行历史分期。

例如，梅因的《古代法》就能把历史的发展概括为"从身份到契约"这么经典的一个理论框架，让人叹为观止。张宏杰的《中国国民性演变历程》把中国国民性概括为"贵族文化、士族文化、平民文化、流氓文化和奴隶文化"几大历史分期，虽也有勉强之处，但大体逻辑仍然成立，也的确为我们提供了另外一个审视中国历史的独特视角。这些，都是一本好的"脉络书"的基本标准。

但如果我们仅仅停留于此，将会丧失第二个层面更为重要的阅读视角。

一本好的"脉络书"不仅仅应该提出独到的理论框架和精辟的历史分期，更重要的是，它能够在每次历史的转换环节上提供独特的理论解释。

也就是所谓"转换的逻辑"。

所以，我每次选书都特别快，我拿起一本"脉络书"的时候，会自动跳过对每个历史分期的细节描述，这在我看来，写得再好或再烂都无关紧要。因为就每个分期的研究，我完全可以交给断代史来解决。我对"脉络书"的期待，就是希望它能告诉我每个朝代和每个分期转换之所以发生的内在逻辑，而这，是其他任何书都替代不了的。

而往往很多名著，就在这种"转换逻辑"的标准审视下败下阵来，在我心中，永远失去其经典的位置，如冯友兰的《中国哲学简史》。

这本书几乎就是对各种哲学流派的独立研究，至于所有流派产生、转换、兴衰的规律，却惜墨如金。相比之下，《中国思想史十讲》却给予了充分的解读，而且对每种哲学流派的思想要点，也都围绕这些转换的逻辑进行取舍，内在体系浑然天成，读来通透了然。

但是，同时也有很多畅销书，因为做到了对转换逻辑的精彩解读，在我心中，获得了经典的位置，如《极简欧洲史》。作者没有陷入琐碎的历史细节，而是从无数的历史事件中抽象出了三大元素——古希腊罗马学术、基督教以及日耳曼民族，并对欧洲历史的演进进行解说。

例如，日耳曼人消灭西罗马帝国之后，接受了基督教，由此，日耳曼民族变成了基督教骑士。而罗马基督教会吸收古希腊罗马学术之后，又演化出基督教教义。

15世纪的文艺复兴就是对古希腊罗马学术的一次集体怀旧，17世纪的科学革命则是对古希腊罗马学术的反思和超越。

你看，欧洲历史的每一次演进几乎都可以用这三个元素之间的关系加以解释，读来让人有拨云见日的智识快感。

读脉络，关键在于通透，如何能够把握历史发展的主要线索和规律，对转换的逻辑作出独到的理论解释，是极为考验功力的。

在这方面，我们一定要有自己的判断能力，知道好书的标准在于六经注我，而非我注六经。

当然，如果财力允许，我也建议你多储备一些多卷本的通史著作，这些书里蕴藏着丰富的细节和考据。

作为信息，它们的作用不是供我们阅读，而是供我们在对转换的逻辑产生考据冲动的时候进行查阅所用。

不要混淆了不同书籍的不同作用。

我的梦想，是家里有几万册藏书，以便于在几乎所有人类知识的领域中，都能迅速组合出一个立体的阅读书单；以便于我梳理知识的脉络、把握转换的逻辑、了解历史的细节。

现在再去看看你的书架，先把细节书打包吧。

快而立之年了，我们头脑里，竟然还没有多少知识脉络和看待历史的独特视角。

记那么多知识细节和信息，在这个随时可以"百度"的时代，又有多大意义呢?!

如果说，选择有"转换逻辑"的书是帮我们把握历史的必然性的话，那么下周，我想和你继续聊聊，如何选择一些对历史进行单因果分析的书籍，以让我们充分感受历史的偶然性带给我们的思维冲击。

祝好！亚宁同学。

29 鉴赏力是记忆力的源头

> 看书总是记不住,根本的原因,就在于根本不知道这本书好在哪里,以至于一些精彩的论断和素材,就这样在我们眼前溜走,而不能转化为我们的积累。所以,鉴赏力,是记忆力的前提,甚至,更夸张一点说,鉴赏力是一切技巧的源头。

亚宁同学:

你好。

接着上周话题。

你知道我们为什么总会对美女过目难忘吗?因为我们首先知道她是美女,所以才会记住。

看书总是记不住,根本的原因,就在于根本不知道这本书好在哪里,以至于一些精彩的论断和素材,就这样在我们眼前溜走,而不能转化为我们的积累。

所以,鉴赏力,是记忆力的前提,甚至,更夸张一点说,鉴赏力是一切技巧的源头。

如何选择一本好书,如何鉴别一篇好文章,是一种非常值得训练的能力。

对我而言,选择脉络阅读的经典著作有两大标准:第一,这部作品是不是进行了独特的历史分期?第二,这部作品是不是令人信服地交代了每个历史分期的转换逻辑?

例如,关于中国近代史的分期问题,传统史学著作都会以鸦片战争作为中国近代史的开端,这种历史分期说,其背后的理论依据是毛泽东的新民主主义革命理论。这种理论以社会主要矛盾形态作为判断历史分期的主要依据,因此,农民阶级和地主阶级的矛盾就构成了封建时代的划分依据,而帝国主义和中华民族的矛盾就成了近代社会的划分依据。

按照这一标准,"鸦片战争"的爆发自然就成了中国近代史的开端,这种观点随着中华人民共和国的建立,在20世纪50年代成为史学界的通说。

为了训练我的理论思维,我自然不能满足于所谓的通说,因此,在此之前和在此之后,史学界对于近代开端的不同划分以及背后的思维方式,就成了我进入脉络阅读首先需要把握的宏观视野。

所以,我可能会选择吕思勉的《中国近代史讲义》加以研读。

在这本书里,他把中国历史分为三个时期:第一个时期,从史前到秦朝统一;第二个时期,从秦朝至欧洲人来华,也就是明代中期,如1516年葡萄牙人到广东,1598年利玛窦来华传教;第三个时期,欧人来华后。

在吕先生看来,明代中期欧人来华,才是中国近代史的开端。而这段近代史,又可以以戊戌年为节点,分为上、下两段。

你看，拿到了这样一本对历史分期有着崭新简介的著作，我们就可以通过对目录的研读，来重构作者分期学说背后的理论依据，训练自己的思维推演能力。

显然，吕先生这样分期，就不是把社会矛盾作为分期依据，因为欧人来华并不意味着民族矛盾已经产生，而是把"冲击—反应理论"模型作为历史分期的理论基础：近代史的第一个阶段是遭受外力压迫之时代，而第二个阶段则是受外力压迫而起反应之时代。

一个强调文明冲突，一个则强调文明接触。

再如，研究法国大革命的著作非常之多，我们究竟应该如何选择可以训练我们理论思维的著作呢？

我的标准仍然是首先看其历史分期理论。

很多著作都是就事论事，只研究1789年那一年当中发生的事情，但是，有两本著作突破了这种研究框架，而作出了独特的历史分期，因而成为我心中经典之经典。

第一本就是托克维尔的《旧制度与大革命》。

传统的史学著作都会强调1789年7月14日是法国大革命的开端，但托克维尔却认为，其实，法国大革命在中央集权制确定的第一天起就已经开始了。用他的原话来说就是："倘若中央集权制在大革命中没有灭亡，那就意味着中央集权制本身是这场革命的开端和标志。"你看，关于这一历史事件的起点的不同学说，体现的是作者对法国大革命精神实质的深刻理解。

同样地，法国大革命结束于何时，也是一个十分重要的理论课题。

这方面,法国弗朗索瓦·傅勒所写的《思考法国大革命》当属经典之作。

它的第一部分,题目就是——法国大革命结束了吗?

与托克维尔相反,前者研究的是有卒年无生辰的旧制度,而后者研究的,则是有生辰而无卒年的大革命。

不同的结束分期,透露出历史学家对大革命精神本质的不同理解。尽管在1799年,拿破仑向国民介绍《共和八年宪法》时宣布:大革命结束了。但是历史学界对于大革命究竟结束于何时,仍然聚讼不断。

有人认为结束于罗伯斯庇尔被处死的1794年,有人认为结束于"雾月政变"发生的1799年,有人认为结束于百日王朝的1815年……各种分期,都有其内在的学理和道理。

如果我们能够在阅读之前,就深入思考不同分期理论背后的学理基础,然后再去拓展阅读相关著作,这岂不是一次极为有意思的智识之旅?

你看,这两本经典,一个把法国大革命的开始时间不断前移,一个把法国大革命的结束时间不断后推。实际上,通过对这两条线索的把握,我们就可以把所有关于法国大革命的研究都纳入这个历史分期的框架里去加以理解,从而纲举目张,对所有材料都能了然于胸,进行宏观把握。

其实,我相信,我们平时在阅读的时候,也接触过类似的经典著作,只是我们没有进行过这方面的理论思考。

你一定读过黄仁宇先生的《万历十五年》。

但是，不知道你思考过没有，这本书为何成为经典？

这一年，也就是明朝的1587年，没有发生任何大事，书中的六位主角的生活也没有任何波澜，明朝的文官制度、军事体制等问题也没有丝毫变化。

黄仁宇先生为何要以这一年为研究对象，撰写这样一部著作呢？

这背后，蕴含的，也是十分重要的历史分期的思想。

因为，从这一年开始，神宗皇帝就开始连续不上朝了，一直延续到万历四十八年神宗皇帝驾崩。

而在黄仁宇看来，这一现象，决定了此后明帝国的命运。

"当年，在明朝发生了若干为历史学家所易于忽视的事件。这些事件，表面看来虽似末端小节，但实质上却是以前发生大事的症结，也是将在以后掀起波澜的机缘。其间关系因果，恰为历史的重点。"

不要小瞧不上朝这个小事，在极具洞察力的历史学家眼里，这是自成祖皇帝以来，持续了百余年的"皇权—相权"协调模式彻底失控的一个缩影。所以，他对明王朝的历史分期，居然是以不上朝为标志的，这背后，难道不是更值得揣摩玩味的学术洞见？

这样的书读多了，自然会训练出我们透视历史规律的一种独特眼光。

读书，就不再是单纯的知识输入的过程，而成了一种培养理论眼光和独特视角的思维训练。

经过这样的挑选，你才能找到那个真的能对你有所助益的经典。

30　只有片面，方能深刻

> 这就是思想市场的自由之所以重要的原因所在，当任何一种思想都可能偏颇的时候，最好的办法不是让它为自己的理论打折销售，而是允许更多竞争性的理论自由辩论。没必要去看那些四平八稳的著作。它无法形成我们认知世界的独特视角。毕竟，弱水三千，我们只是各取一瓢。

亚宁同学：

这已经是我们第四周聊这个话题了。

当你已经通过"脉络书"建立起一个领域的知识体系，并梳理清楚每个阶段的转换逻辑之后，相信再翻起任何一本书籍，你都会条件反射地对它进行知识定位，并对它的阅读价值迅速作出判断。

但是，更好的阅读，却不能止步于此。

你应该知道柴静。

有人喜欢，有人讨厌，而喜欢和讨厌的理由，居然一样。

在柴静刚进中央电视台的时候，陈虻拍出一盒烟问她：

这是什么?

"……烟?"

陈虻说:"我把它放在一个医学家面前,我说请你给我写三千字。他说行,你等着吧,他肯定写尼古丁含量,几支烟的焦油就可以毒死一只小老鼠,吸烟者的肺癌发病率是不吸烟者的多少倍。

"还是这盒烟,我把他拿给一个搞美术设计的人,我说,哥们请你写三千字。那哥们会给你写这个设计的颜色,把它的民族化的特点、它的标志写出来。

"我给一个经济学家,他会告诉你,烟草是国家税收的大户,如果没人吸烟的话,经济怎么办?

"如果我请你写三千字,你会写什么?"

陈虻最后说的一句话,十年后仍然拷问着柴静:"你有自己认识事物的坐标系吗?"

现在我想拿这句话问你,读了这么多书后的你,重新看待这个世界的时候,你有了自己认识事物的坐标系了吗?

我相信,绝大多数读书人,穷其一生,都没有找到这个坐标。

读书的结果,只是知识的渊博,却毫无思考的能力。

知识在这样的头脑里,只是以信息的形式存在,不能互相印证、不能互相反对,因而无法形成推理的基础,达致更高的智慧。

读了一肚皮陈谷子烂芝麻,却没有将它们酿成美酒。

读了一切,却又什么都没有读。

没有人愿意把做爱的权利让与他人,但无数的读书人,却心甘情愿把思考的乐趣交给作者。

这样的阅读看似充实,其实,仍是虚度。

应该怎么办呢?

如果说,上一阶段的选书,还重在结论的深刻,那么,这一阶段的选书,就应该重在视角的新颖。

如果说,上一阶段的阅读,会让你发出"说得真有道理"的感慨,那么,这一阶段的阅读,就应该让你惊叹——居然还能这样思考问题!

如果说前一个阶段,你已经收获深刻。

那么这一个阶段,我希望你能追求片面。

不要望文生义,急于反驳,让我举个具体的例子。

以前,我们一直都用阶级斗争的立场来解释王朝更迭、治乱循环,但每每读到一些历史细节,总觉得隔靴搔痒,不够痛快,又不知症结何在。

偶然发现环境史学著作,不满传统解说,而以气候变迁重新诠释历史进程,给人以认识世界的全新视角,读来让人眼前一亮。

例如,在解释明朝覆亡的原因时,传统史学普遍认为是阶级斗争的结果。

如晚近陈梧桐、彭勇先生就总结说:"明朝的灭亡是必然的,因为明朝所面临的统治危机已经到了无可挽救的地步。无论是从政治、经济、军事、社会等多个角度进行分析,得出的结论都是明朝灭亡实属必然——'无流贼之蹂躏海内,而明之亡已决矣'。"

我们从小到大接受的历史教育就是这套解释逻辑的反

复适用。

但是，你没有觉得这套逻辑有问题吗？

第一，正如王家范先生在《明清易代的偶然性与必然性》[1]一文中指出的那样，无论哪个王朝，农民的日子都好不到哪里去，农民个别的、零星的反抗无时不有，但真正能撼动根本、致王朝于死地的大规模农民起义，二三百年才有一次。阶级斗争可以解释反抗，但无法解释明末的大规模反抗和三百年周期。

第二，如果我们把目光从中国版图上移开而转向世界范围的话，就会发现，与明朝灭亡几乎同一时期的欧洲大陆，也发生了数百年难遇的重大历史变迁。例如，英国就爆发了长达9年（1642—1651年）的血腥内战，国王查理一世也于1649年被送上绞架，这个时间仅比崇祯皇帝自缢于北京景山晚了5年。而英国动乱又是欧洲乃至世界"十七世纪总危机"的集中表现，按照杰弗里·帕克所做的不完全统计，1635年至1666年，世界各地共发生大规模叛乱与革命49次，其中欧洲27次、美洲7次、亚洲和非洲共15次（其中包括了李自成起义）。因此，这个时期确实是世界历史上最不安定的时期。[2]

只是巧合？

那你就错过了发现历史规律新视角的宝贵机遇。

那真正的原因在哪里？

---

[1] 王家范：《明清易代的偶然性与必然性》，载《史林》2005年第1期。
[2] Geoffrey Parker, "Crisis and Catastrophe: The Global Crisis of the Seventeenth Century Reconsidered". 转引自李伯重：《不可能发生的事件？——全球史视野中的明朝灭亡》，载《历史教学》2017年第2期。

推荐一本著名地质学家许靖华所写的书——《气候创造历史》。

在这本书里，作者用气候变迁的理论视角重新解释了明朝灭亡的原因。

他认为，明朝的灭亡和当时整个世界进入小冰河期密切相关。

具体而言，明朝后期进入了一个降温期，而降温在明灭亡时达到极值。

这直接产生了两个后果：第一，降温导致草原带北界南移，北方游牧民族迫于生计发动南侵。第二，中国的季风气候雨热同期，因此，寒冷与干旱往往相伴出现，在大旱灾导致的绝收、歉收状态下，大量农民被迫揭竿而起，其中就包括李自成的起义队伍。

你看，按照冰河期的气候来解释明朝覆亡的历史成因，就能够回答我们之前提出的三百年王朝兴衰规律。

中国著名的气象学家竺可桢教授也曾就此发表过重量级文章，明确指出，中国历史上几次最大规模的社会动乱和中国历史上四次小冰河期之间的对应关系。

殷商末期到西周初年是第一次小冰河期，东汉末年、三国、西晋是第二次小冰河期，唐末、五代、北宋初是第三次小冰河期，而明末清初恰恰是第四次小冰河期。

原来，中国历史上的每一次社会动荡，都是因为天冷！

这样重看历史，是不是突然有了打通任督二脉的感觉？

如果我们能循着这条解释脉络去收集大量环境史学的经典著作，进一步建立和强化我们用环境因素解释历史变迁的理论素养，将来我们再遇到一个历史事件，会不会从此多了一个思考的维度？这样的学习，岂不是又为我们的工具箱增加了分析问题的理论工具？

类似的书还有很多，只要你看了这封信以后有心留意的话。

例如，用金融解释历史的《货币崛起——金融资本如何改变世界历史及其未来之路》，用疾病等因素解释历史的《枪炮、病菌与钢铁》，用治水来解释历史的《东方专制主义》。

你可能会问：历史发展是一个多因果互动的结果，这样用单一因素解释历史变迁，会不会太过片面？

你说得没错。

但，那又如何呢？

你的确更为全面和客观，但历史会记住你吗？

你在看这些理论的时候，是关注它的结论还是关注它的视角？

真正的思想，一定是片面而深刻的。

不是因为片面，所以深刻，而是只有片面，才能深刻。

不信你回头去看，历史上所有经典著作，是不是都在给多因果的历史现象抽丝剥茧，仅做单因果的分析？

马克斯·韦伯正是因为片面关注精神因素的影响，才写出了《新教伦理与资本主义精神》；卡尔·马克思正是因为片面关注了物质因素的影响，才写出了《资本论》。

甚至，有的法经济学家以成本收益的视角出发，竟然得出这样的结论：只要强奸犯能够支付被害人足够的金钱补偿，以满足她无法在就业市场获得的经济报酬，他就可以向女性购买强奸的权利，因为这样可以实现社会财富总量的最大化。

你看，结论足够荒谬吧？但是，学术著作不是政策建议。

不要把视角当作世界。

也不要把启发当作结论。

结论正确与否，在这个层次的阅读中，其实并不重要。

书读到了第三个阶段，我反而偏爱那些片面的思想。

可以肯定，每种思想都是片面的，只是程度不同而已。

这就是思想市场的自由之所以重要的原因所在，当任何一种思想都可能偏颇的时候，最好的办法不是让它为自己的理论打折销售，而是允许更多竞争性的理论自由辩论。

在这个多元的理论世界中，让每一种都尽可能地"偏颇"吧。

正如在我们的阅读世界中，应该让更多"偏颇"的理论互相补充。

没必要去看那些四平八稳的著作。它无法形成我们认知世界的独特视角。

毕竟，弱水三千，我们只是各取一瓢。

祝好，亚宁同学。

—— 法律人的自处之道 ——

31 因上努力,才能在果上随缘

> 不要拿"一个人生活其实也挺好的"这样的话来欺骗自己。在你说这句话的时候,你脑海里想到的,其实是你的过去。而如果你认为,在自己生命的尽头,一个人生活,既有美感,又有力量,我才真正相信,这是一种值得羡慕和欣赏的人生态度。只有在因上努力,才能在果上随缘。

少文老师:

我是一名大龄法科生,女的。家里总是催着我找男朋友。可我每天忙着工作,经常加班,哪有时间想这些问题啊?我觉得感情的事应该随缘。现在我觉得一个人其实也挺好的。为什么一定要找个男朋友呢?少文老师,你说呢?

——林夕

林夕同学：

感谢你的来信，让我终于可以有机会聊聊爱情。

可是，我却要给你先泼盆冷水。

你内心其实非常渴望爱情，不然，你就不会写这封信了，更不会在信的开头，就首先强调自己的年龄。你的着急，你没有觉知。

不要拿"一个人生活其实也挺好的"这样的话来欺骗自己。

在你说这句话的时候，你脑海里想到的，其实是你的过去。

而如果你认为，在自己生命的尽头，一个人生活，既有美感，又有力量，我才真正相信，这是一种值得羡慕和欣赏的人生态度。

10岁的时候，没有男朋友，当然过得挺好。70岁的时候，没有老伴，你还会觉得自己能过得很好？

显然，这些话只不过是另一种形式的自我保护而已。

我能理解，女大而不嫁，自然需要想些一劳永逸的回答，来应对亲友琐碎的关切。甚至需要发明一种理论，来对自己的不如意，做事后的合理化，以解释自己的单身是自己主动的选择，而非被动的结果。

可久而久之，往往分不清哪个是话语，哪个是真心。

你，还能分清二者吗？

还有，"随缘"这个词，一定是你用得最为顺手、经常用来自我麻痹的概念。

但是，你每天疯狂地加班，只要有所空闲，就用工作填满所有的缝隙，然后说感情的事要随缘。你不觉得这是在自欺欺人吗？

就好像你把自己反锁在家里，静静等待心目中的白马王子能够用GPS探测到你的准确位置，然后破门而入？

那你等到的，究竟是图谋不轨的歹徒，还是你日思夜想的爱人？

连你也觉得有点滑稽吧？但按照你的逻辑，这居然就叫"随缘"？

只有在因上努力，才能在果上随缘。

你什么都不做，你所谓的随缘，其实就是随便。

几年前，我和一个朋友聊天。他和我说了一件让他感到终生遗憾的事情。

有一次，他一个人去普陀山朝圣，鬼使神差地走了一条人迹罕至的道路。

却没有想到，意外地邂逅了一个和尚和两位居士。他们边走边谈，和尚常常语出惊人，偶有几句钻入朋友耳中，便能开人心慧。

此种世外高人，正是朋友苦苦寻觅的对象。

他几次鼓足勇气想打断对话，加入其中，并请师父解答内心困惑。但总觉冒昧。

"还是随缘吧。有缘自会再见，不必今日相扰。"朋友说服了自己，转身离去。就这样与高僧擦肩而过。

此后，他当然再也没有见到这位师父。

"那是缘分未到。不必遗憾。"我劝他。

"一开始我也和你想的一样。但现在我却不这样认为。

当时，我临时起意才来到普陀山朝圣，又因为随性走了一条偏僻小路，才能在途中偶遇师父。不仅如此，师父传入我耳中的寥寥数语，恰恰解答了我多年以来四处求教却无缘得解的心头大惑。其实，缘分已经在向我示现。但我却带着对'随缘'二字深刻的误解，让缘分从我身边溜走。这才是我至今都感到无比遗憾的原因所在。"

所以，林夕同学，不要发明一些理论，为生命的遗憾做事后的合理化。

那些都只是话语的自我保护，你应该迈出概念的藩篱。

努力地追求，尽力地争取。

因上努力，才能在果上随缘。

你想要的，你装作不知道。

32　碎片化学习是一种次优选择

> 在对非专业领域求知的过程中，也许，恰恰只有经过碎片化之后的体系化才能让你有豁然开朗的收获。很多时候，正是碎片化学习带来的逻辑断裂，激发了我的求知欲望，进而成为我进入一个知识传统的强烈动力和问题意识，并在梳理知识脉络时能够时常体会到一种打通任督二脉的欣喜。

少文老师：

最近我在APP上订阅了很多知识付费产品，每天利用一些碎片化的时间听一听不同领域的知识，感觉挺有收获的。但我这种学习方法却经常被同事取笑，说我这是碎片化学习，我太浮躁了。他们觉得，只有抽出大段的时间，坐在图书馆里，认认真真地从头到尾地阅读一本书，才是真正的学习。每次我都不知道该怎么回答他们的质疑，少文老师，您怎么看这个问题？

——文渊

文渊同学：

你同事说的，既对，也不对。

因为我不了解你的具体情况，不好评价你的碎片化学习是不是浮躁的表现，但是，把所有的碎片化学习都看作浮躁的表现，这个结论是值得商榷的。

所以，我们需要首先搞清：什么才是真正的浮躁？

这个问题见仁见智，但在我看来，至少以下两点不应该成为一种学习方式是否浮躁的判断标准：

第一，学习的载体。

我经常听到有人说，现在的年轻人都太浮躁了，大家都在看电子书，而不愿意去翻阅纸质书。

但是，如果这就是年轻人浮躁的标志，那我们这个时代的每个人，几乎都是浮躁的典型了

因为在造纸术发明之前，我们的文化可都是刻在沉重的竹简之上的。一本《本草纲目》的全部文字，刻出来的竹简就能有128公斤。韦编三绝的孔老夫子，想必一定会打心眼里瞧不起我们这些阅读纸质书的不肖子孙吧？

照这个逻辑推演下去，现在拿着电子书的这些90后，将来一定也会打心眼里瞧不起那些居然用可穿戴设备吸收信息的后代吧？

你看，一方面，我们在呼唤和赞叹日新月异的科学技术带给我们的各种便利，但另一方面，我们却又总在鄙视那些运用新技术去迭代学习方式的人。

很多人活在当代，却没有时代感。

这种观点的背后，到底是对学习的信仰，还是对工具

的执念呢？

你懂的。

第二，学习的时长。

我们总认为，有效的学习一定得是长期的和系统化的。甚至在很多人眼里，标准化的学习，就应该大概花 64 个学时搞定一个学科，这也是大学按照春耕秋种的农业社会规律安排学期教学的心理结果，似乎只有这样的学习才让人踏实，才让人有厚重的获得感和满足感。

我承认，能有如此的精力和时间当然是件好事。但这样的学习属于我们的时间只能截止于我们走出校门的那一刹那。

作为一个终身学习者，你几乎将永远丧失继续以学期为单位来吸收知识的机会。

不论你承认还是不承认，这，就是现实。

我当然知道系统化学习的必要，但那已经几乎永远不属于已经走出校门，要为生活打拼的你了。

你不是王思聪，也不是马云。

你本可以有一个做富二代的机会，可你的父亲没有珍惜。

你只能在奔波和休息交替的时候，抽空学习。

是不是愿意承认这一点，是我们观点的根本分歧。

其实，你有大把时间去系统化学习的时候，恰恰可能是你还没有找到事业奋斗方向的时候。

而一旦你找到了事业奋斗的方向，你几乎就再也无法拥有整块、大把的时间可以用在所谓的系统学习之上。

相反，此时的你，会产生大量的碎片化时间。

然后，你把这些碎片时间都用来学习，而不是用来发呆和休息，我不仅不觉得这是你浮躁的标志，反而认为，这恰恰是你不甘平庸的进取精神的表现。

在还没有出现知识服务产品的时候，我们利用碎片化时间去唱歌、去跳舞、去用各种办法打发时间，没有人说我们浮躁。

可突然有一天，你戴上耳机，准备好好利用突然空出来的10分钟，学习一个新的知识，反而被贴上了浮躁的标签。

我总觉得，一定是哪里出了问题。

讲到这里，也许，你觉得我已经转移了论题，偷换了概念。

其实没有。

在你的同事看来，碎片化学习，是一个错误的做法。

而在我看来，碎片化学习，至少是一个次优选择。

我不能接受这样一个结论：一个每天在网上订购创业类书籍勤奋阅读的人不是浮躁的，而一个每天在公司解决一个又一个具体问题的创业者反而是浮躁的。

所以，文渊同学，什么才是真正的浮躁？

专注于读书当然不浮躁。

但这里的重点，在于专注，而不在于读书。

是一种什么样的思维逻辑，会把专注于做事形容为浮躁，而把专注于读书认定为踏实呢？这样想问题的人，也许是个出版商吧？

我不是出版商，我没有这样居高临下的知识傲慢，我自己从事着知识生产，但我绝不会认为，只有消费知识才可以称为高贵。

听书，只是一种信息的获取方式而已，它适合听觉型人格，正如阅读适合视觉型人格一样，有必要区分高下吗？

如果我们从来没有把泛读视为浮躁，那为什么又要把泛听看作浮躁呢？

面对人类庞杂的知识海洋，穷其一生都无法掌握万一，以泛听而取一瓢饮，又有何不可呢？

觉得好，可以再去深海潜水啊！

其实，这些知识服务都只是一个入口，它们的作用仅仅在于帮你找到能够激发你求知欲望的知识传统，它从来就没有企图替代和取消你自己的知识遨游。

何况，我用来泛听的内容本来就不是我赖以谋生的专业领域，而仅仅是强烈好奇心驱动我去了解的未知世界而已。

也许，你会从心里认同你同事的看法，认为只有系统化的学习，才是真正有效的学习

我的观点可能恰恰相反，我倒觉得，在对非专业领域求知的过程中，也许，恰恰只有经过碎片化之后的体系化才能让你有豁然开朗的收获。

很多时候，正是碎片化学习带来的逻辑断裂，激发了我的求知欲望，进而成为我进入一个知识传统的强烈动力和问题意识，并在梳理知识脉络时能够时常体会到一种打通任督二脉的欣喜。

想象一下，在你的面前，摆着许多的马赛克，它们象征着知识的碎片。需要你亲手把它们拼成一幅完整的知识地图。

你所要做的，不应该是毫无章法地把马赛克随意拼贴。

此时，你需要找到一面墙，找到一个体系，一点一点，贴上你知识的马赛克。

我心目中理想的学习，正是后者的样子，尽管都是碎片，但因为有了体系的框架，最终，拼出一幅理想的知识图景。

文渊同学，在为生活打拼的时候，记住一点，很多道理我们都懂，很多境界我们也不是不清楚，但，人都是在约束条件下生活的。

而在约束条件下，次优选择，往往是最优选择。

先学起来再说。总比发呆强吧？

不要纠结在概念里。

33　如何在影视中寻找认识高峰？

> 如果你能在娱乐的时候有心积累，学习又何必一定要在书房里正襟危坐呢？所以，用尽办法找到娱乐节目或影视作品的认知高峰，然后逼近它，这就是我的娱乐理念。娱乐，是最好的学习。

少文老师：

我是一名在校生，虽然很多人都觉得，学生在校期间是最空闲的，没有课的时候就可以到处玩，但我却总感觉时间非常紧张。尤其是进入大三以后，同学们为了能够考上研究生，学习都非常用功，我就更不敢放松自己。有的时候，就连正常的放松和休闲也会有种罪恶感。少文老师，不知道您平时是怎么处理工作和娱乐关系的？

——楚一

楚一同学：

你好。

想玩的时候，与其坐在那里心猿意马，不如索性玩个痛快，玩出负罪感，之后的工作和学习，才会事半而功倍。

不过，这个道理你肯定懂，我今天也不准备和你说"放轻松""take it easy"这样正确的废话，我想借此机会和你聊聊我的一种观念——结构化娱乐——如何让娱乐本身也成为学习的一种方式。

先说连续剧吧。

前段时间非常火的《人民的名义》，想必你也看了。不知道你是怎么欣赏这部连续剧的？

这部剧集有很多观赏的切入角度，这完全取决于你希望通过它学到什么对自己有用的东西。

以我自己为例，我很想学习的是，在错综复杂的关系和利益格局之下，如何能够在保护自己不至于出师未捷身先死的前提下，把案子彻查下去。

为了达到这一目标，你就要首先确定自己处在片中哪个人物的认知水平，然后寻找比自己认知水平更高的角色，多加揣摩和体会。

以侯亮平在机场高速上拦下李达康的专车，带走李书记的前妻欧阳行长这段戏为例。

我会想，赵东来、祁同伟、侯亮平、陈海、陆亦可等每个角色，在面对同样的情境时会分别作出何种选择？如果他们作出了不同的选择，分别是基于什么样的考量？

祁同伟肯定不会抓人。

赵东来则会在请示后再决定是否抓人。

而侯亮平、陈海、陆亦可都会抓人，而且会不经请示，先斩后奏。但是他们对这同一件事的认识，却存在认知水平上的重大差异。

从片中台词可以看出，陆亦可一直都在提醒侯局："这样从李书记的专车上直接抓人，你真的考虑清楚后果了吗？"

而侯局却露出迷之微笑，告诉陆处长，"李达康书记不但不会怪罪，事后还会感激我们"。

看出来了吗？这就是在办案过程中对同一件事情认知维度的不同。

作为一个在政坛仍有大好前途而且非常看重这一前途的人，李达康的内心并非不爱自己的妻子，但与权力职位相比，他内心的天平还是有所侧重的。这个人物过于爱惜自己的羽毛，因而显得有些没有人情味，这也是欧阳行长对他彻底死心的原因。万一没有及时拦下李达康的专车，让欧阳行长顺利出境，就会造成恶劣的政治影响，并最终影响李达康的仕途发展。

侯亮平不愧是"猴子"，如果不能认识到这个层次，一次痛快淋漓的"犯上"，就会给自己将来的办案带来无尽的麻烦。他这么精的人，才不会为逞一时之快而失去对大局的控制。

侯亮平看似不计后果的对李达康的冒犯，事实上却在李达康最危险的一段仕途中给予了不露声色的帮助，挽回了他的政治生命。

也正因为有了这样的底气，侯亮平才敢肯定这次抓捕行动，没有任何悬念。

看出来了吗？

同样会坚持原则，作出抓人决定并立即采取行动的侯局和陆处，其实是处在两种认知层次之上。

一个，纯靠忠于法律的道德勇气；而另一个，却洞悉了人性，并巧妙利用汉东政坛上各色人物微妙的利益权衡，胸有成竹地在一个位不高、权不重的位置上，调动各方资源为其所用，并最终实现内心对于正义的坚守。

所以，在错综复杂的反腐战场，如果侯亮平没有对事物更深层次的认知，如何像当时和山水集团的高总对赌时所说的那样"笑到最后"？

而我，最多处在陆处的水平。

那片中的其他人物呢？

李达康书记把电话打到季检那里，愤怒质问他为何允许侯亮平在机场高速上拦截他的专车时，季检虽然刚刚得知这一突发状况，但长期的领导经历让他对事物有着更高程度的认知，他也几乎是在第一时间觉察出这件事对于李达康的重要意义，并在电话里直言相告："如果换了是我，我也会和侯亮平一样做，你李达康最终还是要感谢我。"

之后，当季检察长向沙瑞金汇报的时候，沙书记的第一反应，也是感谢侯亮平，为汉东保住了一员改革大将，否则李达康的政治生命就到此结束了。

这一出戏看完，我才深刻认识到，这部剧集对我而言的重要看点，就是这些认知水平比我高的人，他们在面对同一件事的时候，分别会有何种认识和处理方式，并不断对比自己的认知水平来作出调整。

而对于那些认知水平和我处在同一层次的角色,甚至比我更低的角色,就可以带着纯粹娱乐的心态欣赏,甚至是快进的方式直接跳过。

52集看完,我由此获得了认知水平的一次升级。

而且,因为有意识地关注片中这些细节,在遇到一些情节时,我会下意识的反应,如果是侯亮平或沙瑞金在场,他们分别会作出何种妥当而又充满智慧的处理?

只有这样,你才可以说:你真的看懂了《人民的名义》,并在里面学到了可以受益终身的东西。

这种方法其实可以同样复制到其他娱乐节目中去。

你不是说娱乐时间有限吗?

没关系,那就不要从头看到尾嘛。

我们完全可以投入有限的精力,却能收获比培训更好的学习效果。

我看一些竞赛类的娱乐节目,就不会从第一集看到最后一集。

例如,《奇葩说》,我会等一季结束,尘埃落定,知道谁是冠军后,直接看最后一集的决赛,在每个考验冠军思维的重要节点按下暂停键,思考自己如何应对。

在有了自己的应对方案后,再看冠军如何处理和认识这一问题,如果我的方法比他高明,而他居然是节目冠军,说明整个节目的认知水平都在我之下,从头看完就是在浪费生命。

但如果冠军的思维比我高明,那么,至少我应该学习他的认知能力。

  这个时候，我就会把第一集到最后一集全部找来，从头播放，但是所有其他选手我都会选择快进，而到冠军的部分，就会仔细揣摩。

  因为，冠军的思维是整个节目的认知高峰，如果每一季的节目我都能够学到冠军思维，其他的部分还需要花费过多的精力吗？

  如果你能在娱乐的时候有心积累，学习又何必一定要在书房里正襟危坐呢？

  所以，用尽办法找到娱乐节目或影视作品的认知高峰，然后逼近它，这就是我的娱乐理念。

  娱乐，是最好的学习。

  多年以来，我在娱乐中学到的能力，对我的帮助，远胜于书本给我的知识。

  关于娱乐，我有说不完的话题，下次接着聊。

  祝好。楚一同学。

Take it easy.

34 如何进行"结构化娱乐"？

> 只要你拥有了结构化的思维，娱乐也可以成为你学习的通道。真正有效的学习往往是不需要花钱的，可是我们很多人宁愿花上几千甚至上万的学费到现场学习演讲技巧，为的就是在课堂上醒来以后，体验在朋友圈里四处奔波学习的充实感。好好审视你现在的娱乐方式，也许，它本身就是一堂最精彩的课程。万物皆备于我，才是最好的学习。

楚一同学：

你好。

咱们接着上周的话题继续聊。

你问我工作和娱乐的关系如何处理，其实，在我看来，善于转化二者，才不会在二元对立中进退失据。

曾国藩有言："刚日读经，柔日读史。"

南怀瑾解释如下："亢阳激扬，刚也；卑幽忧昧，柔也。经主常，史主变。故刚日读经，理气养生也；柔日读史，生情造意也。有生有息，合乎天理，何乐而不为哉！"

若干年后，冯友兰赠李泽厚一联，将此句改为："刚日读史，柔日读经。"

尽管有学理上的细微差异，但以我的立论来看，其实强调的还是同样的意思。

每日苦读而终不觉苦，端赖不断调换读书的品类。如此一来，无论读些什么，彼此都是休闲。

我耐性稍短，等不了一日一换，于是以半日为界，上午写作，中午听书，下午看书，晚间说书。如此安排，平均每天可以工作长达十几个小时，而不觉疲倦。

但是，我也知道，大部分人都过不了这样的生活，每天案牍劳形在他们看来形同苦役，人们还是普遍希望能够在工作之余有一些专门的娱乐活动，但又不是纯粹放松，还能有一些寓教于乐的效果。相信你在信中反映的困惑也属此类。

那好，我们还是回到这封信的主题，说一说让我个人受益很多的"结构化娱乐"。

我认识一个学生，他是"罗辑思维"的忠实粉丝，几年来，罗胖推出的视频节目他每期必看。

但是有一次，他冲我抱怨，"最近工作太忙了，已经很久没有时间看罗胖的节目了，落下了这么多期，心里好焦虑。马上就要放假了，我一定要趁着假期，把落下的节目全部补上"。

我当时就很好奇："这些视频节目彼此主题不同，又不是系统的课程，你非要一期不落地全部听完，有必要吗？追剧给你带来的变化，就是从知识焦虑症患者变成了知识强迫症患者。既然你的时间有限，不能整块利用，为什么非要一期一期地全部看完呢？你可以尝试一下结构化娱乐。"

他第一次听说这个词，突然瞪大了双眼，听我解释。

我掏出手机，点开喜马拉雅FM上"罗辑思维"节目的音频版，随机下载了十几个节目，然后开始逐一播放这些节目的开头部分。

我让他仔细去听罗胖是如何用短短的两分钟时间，完成切入主题、调动兴趣、交代背景以及介绍知识路线这一系列开场任务的。

本来在分别观看这些视频时很容易被忽视的这些技术细节，因为进行了同项类比，就显得格外突出。而且十几期节目听完，只要是一个人写的稿子，基本就能还原出撰稿人的写作套路；如果是不同的撰稿人，就可以总结出若干种行之有效的开场模式。

例如，对于听众非常熟悉的选题，罗胖一开场肯定是帮你总结几点你对这个事物的观点，让你觉得真是那么回事，然后，告诉你那些全都是错的。正确的观点应该是什么样的。

可如果是一个听众比较陌生的选题，罗胖通常的处理方法则是：一开始就告诉你为什么必须了解这个领域的知识，也就是制造所谓的知识焦虑。然后提炼出一个特别有利的观点贯穿整期节目，有且只能有一个核心观点。对于一个陌生领域的知识，能在听众心中植入一个牢固的观念就已经十分不易了。

又如，当你把所有有关人物的主题放在一起进行结构化娱乐的时候,你会发现,对于不同的人物命运,罗胖也有不同的处理方式。

如果这是个悲剧人物,节目就会用三分之二的篇幅讲他的成功,用三分之一的篇幅来讲他失败的原因。但如果是个喜剧人物,就不能仅仅讲他的成功,而必须用别人如何失败来反衬他的成功,或者用将周围一切和主人公对立的方式来反衬他的成功有多么不易。

你看,在不断体会和总结这些模式的时候,你就能知道,为什么有的节目会有超乎寻常的吸引力,并在日后处理同样题材的时候以作借鉴。

当我带着这位学生一期一期地去分析不同的开篇方式的时候,他不断感叹,原来节目还能这样看!

当然了,时间长有时间长的娱乐方法,时间短也有时间短的娱乐方式,为什么要被别人牵着鼻子走呢?他出一期我就只能看一期,他讲一个主题我就只能了解一个主题。这样下去,就算我知道了一百多个不同领域的知识,也无法转化成我的能力,这些知识的碎片如果不能用一根线索串起来的话,就只是毫无用处的信息而已。

但是,如果我们能够运用结构化的思维,只看 100 期节目的开场,并进行模式的总结,是不是就转化成了我们将来进行知识性演讲的写作模板?这样训练下去,是不是有一天,拿到一个题目,还没有等罗胖开口,你就已经能够猜出来,他会如何开场了?照这个方法训练下去,你是不是同样可以猜出他会如何安排演讲结构,又会如何结束一场知识性演讲呢?

成为一个节目的忠实粉丝之后,你竟然还没有被这个节目的撰稿和主持附体,竟然还没有学到他们的思维模式,这种娱乐,岂不就是你最担心的浪费生命吗?

记住,找一个适合你的节目去追,直到有一天你能抢在他之前说出他的思路,结构化娱乐的效果就算达到了。

为什么不按照结构化的思路去重构你想看的每一个娱乐节目呢?

例如,为什么要一期一期去看《奇葩说》呢?为什么不用结构化娱乐的思路,只看网上剪辑的黄执中合集呢?

为什么要从头到尾看一场商战真人秀呢?为什么不用结构化娱乐的思路,只看冠军的夺冠之路呢?

坐在图书馆里翻书不是都可以称为充实,坐在沙发上看电视也不是都可以称为荒度。

只要你拥有了结构化的思维,娱乐也可以成为你学习的通道。

真正有效的学习往往是不需要花钱的,可是我们很多人宁愿花上几千甚至上万的学费到现场学习演讲技巧,为的就是在课堂上醒来以后,体验在朋友圈里四处奔波学习的充实感。

好好审视你现在的娱乐方式,也许,它本身就是一堂最精彩的课程。

万物皆备于我,才是最好的学习。

35　当你摇摇欲坠时，别人早已倒下

> 当我们把记事本上所有的任务主题全部拆解成任务步骤，大脑在接收这些信息的时候就会产生极为明确的指令，而不会产生焦虑的心态。那个时候，你更多感受到的，是充实和踏实，而不是忙碌和焦虑。

少文老师：

今年的司法考试已经开始报名了，参加传说中的"末代司考"，心里的压力会莫名地增加许多。尽管还没有进入最后的冲刺阶段，但感觉自己的心态已经不淡定了。少文老师，能不能告诉我们这些考生，在复习冲刺的时候都要怎么调整自己的心态啊？

——凡兴

凡兴同学：

你好。

我能理解你的心情。参加这么重要的考试，淡定只能

说明你不重视。

不过，我想反问一句，司考真的是史上最难的考试吗？

我们先来算一笔账，再来谈所谓的心态问题。

第一，司考不考英语，也不考数学。尽管的确要背很多法条，但它们可都是清一色的汉字，再难，又能难到哪里去呢？所以，司考，和智商无关，只要有足够的坚持和得当的方法，任何人，都能通过这个所谓史上最难的考试。

第二，先不要说去年题目有多难，前年题目有多容易。你首先要搞明白一件事，司考每年的通过率必须保持大体不变，不能有剧烈波动，毕竟，通过司考的人数将直接决定我们国家的司法人员队伍的数量和稳定问题。因此，通过率是个严肃的政治问题。

每年虽然报名的人有几十万，但通过率基本都在10%左右。看起来这个比例似乎并不太高，但如果刨除那些没有复习的、中途放弃的、没进考场的，你的通过概率其实已经无形中提高很多了。

第三，司考是一个过关类考试，不需要以高分而只需以过关为目标。所以，即便有很多知识还没有学、还没有懂，也不用给自己徒增烦恼。600分的试卷允许你丢掉240分，仍然可以顺利通关。而且，即便是你必须得的360分当中，一定还有你其实不懂，但靠朴素的直觉而猜对的题目吧？所以，你其实只需要得到300分左右，就可以保证过关了，而如果你方法得当，重点突出，在剩下的100天时间里，每天只需要抓住3分，就已经足够应付司考了。

你看，好像这样一分析，司考也变得没有想象的那么难了吧？

其实，很多时候，困难都是自己想象出来用来吓唬自己，或者用来吓唬别人的。

你一定听过下面这个故事吧？

欧洲有一个天才少年，考进一所著名大学的数学系。

老师非常欣赏他的才华，每天都会给他布置一些数学题，然后给他开小灶。

这一天，又像往常一样，老师给他的作业本里夹了张纸条。

少年以为又是当天的家庭作业，就连夜把它做了出来。

在奋笔疾书的时候，少年不断地怀疑自己，今天的题目似乎格外的难，居然要求自己只用圆规和一把没有刻度的尺子画出一个正十七边形来，还要写出详细的推导过程。他几度想中途放弃，但一想到可能受到老师责骂，就打起精神继续奋战。终于在天快亮的时候，把这道题解了出来。

但是，他万万没有想到的是，当他把厚厚的稿纸拿到老师面前的时候，却被老师的反应吓坏了。

老师惊讶地望着他，根本不相信自己的学生能在一夜之间做出这道题目。

因为这道题，他的老师的老师做了一辈子，都没有做出来。

他的老师，做了一辈子，也没有做出来。

而他自己，做了大半辈子，也不得其门而入。前一天，他错把这道题当作家庭作业塞到了少年的作业本里，却没有想到，他一夜之间就做了出来。

老师的信心遭到了巨大的打击，差点哭出声来。

少年听到这里，也吓坏了，他对老师说："老师，要是你早告诉我这道题这么难，打死我也做不出来！"

这个少年就是后来誉满全球的著名数学家高斯。

这个故事告诉我们：很多时候，困难都是来自我们内心的营造，而非客观的存在。

你可能会说：这些道理我都知道，但我还是会焦虑，怎么破？

好，我下面和你分享一个破解焦虑的技术方法。

我不知道你平时怎么利用记事本来记事？

我发现，不同的记事方法会带来不同的心理状态。

例如，有的人，记事本是这样写的：复习期末考试、参加模拟法庭比赛、毕业论文……

看出问题了吗？

每次打开这样的记事本，不烦躁才是怪事。

因为他记载的全都是事件主题，而大脑在这个层面接收信息的时候会自动对这些信息进行任务联想和分解，因此大脑皮层高速运转，而这些具体的任务和步骤又会彼此打架，互相插队。

但如果你把每一个事项都拆解成不能再度拆解的步骤，然后再写在记事本上呢？

例如，把撰写毕业论文拆解为30项小任务，分解到每一天相应的时段。你每次打开记事本，看到的都是具体的行为指令。如下午3点，打电话给导师征求开题报告的修改意见；下午4点，去图书馆借参考文献；次日上午，修改开题报告并发送到导师邮箱……

当我们把记事本上所有的任务主题全部拆解成任务步骤，大脑在接收这些信息的时候就会产生极为明确的指令，而不会产生焦虑的心态。

那个时候，你更多感受到的，是充实和踏实，而不是忙碌和焦虑。

所以，面对司考，你首先应该学会的，是把焦虑拆解成不可分解的行动步骤。

你需要做的第二件事，就是隔绝与外界的联系。你要做到在剩下的100天时间里心无旁骛，提前屏蔽任何可能在中途给你造成干扰的人和事，必要的话，关掉手机，至少，卸载掉微信。

很多人每天不断地通过手机和外界联系，只要一个上午没有短信和电话，他就觉得似乎手机欠费了。

我经常讽刺这种心态的学生，你总觉得这个世界离不开自己，长此以往，等到成绩公布的那一天，你就可以离开这个世界了。

所以，请关掉手机。

要想在成绩公布的时候站在万山之巅，你现在就要有勇气消失在茫茫人海。

不要担心复习，跟着一个授课很好的老师，听他的授课音频，建立学科框架，再找一本知识点全面的讲义，补充细节。两者结合，完美通关。

曾经有一个学生问我，少文老师，离考试还有不到一个星期的时间,我快坚持不下去了,你能不能送我一句话,让我坚持下去?

我回答他:如果你坚持不下去,就还要再坚持一年!

后来,听说他400分高分通过。

不要怀疑自己,司考对任何人而言,都不是件轻松的事情,但是,当你摇摇欲坠的时候,别人早已倒下。

可是,好多人正好相反,当别人摇摇欲坠的时候,自己早已倒下!

记住,在司考复习中,你要做的,不是昂首挺胸地冲过终点,而只是需要——冲过终点!

祝你成功!

36　真正的学习场景是日常

> 书，不一定都由文字组成。这个时代最大的特征就是学习社交化。朋友的作用不是给你具体的道路，而是在一个你所不知道的伟大知识传统面前发出一声由衷的赞叹，从而给你打开一扇从未想过的窗口，让你知道你不曾知道的世界。

少文老师：

我是您去年法伯乐举办的"满天星"课堂的学生，当时上课的时候还没有正式执业，在"满天星"上课的收获非常大，学到的可视化、法律检索等内容也都非常实用，但现在拿到执业证以后，工作越来越忙，用来学习的时间越来越少，我自己对这种状态特别焦虑，周末都不敢休息，而是抓住各种机会去参加培训。但和去年不同，很多东西都来不及消化，就又要周而复始地开始一周的工作。我不知道自己这种状态应该怎么破？

——瑞宁

瑞宁同学：

你好。

有一种成功是最微不足道的，就是一段时间只做一件事的成功。

例如，当年上学的时候，我们唯一的任务就是读书，即便成绩很好，也没什么可以骄傲的，因为你不用在任何事情上分心，学习是你的本分。

难的是，成年以后，要在生活和工作中同时扮演多重角色，还能给自己高效充电。只有具备了这种多任务并发的能力，才是真正会学习的人。

真正的成功都是在既定规则约束下的成功。真正的成功都是在多重角色冲突下的成功。真正的成功都不是一段时间只做一件事的成功。

成年以后，恰恰是把全部时间都用来学习的人最容易失败。

所以，成年以后，你的学习方式和学习场景必须发生根本的转变，否则，成年对你的意义，就仅仅意味着可以被执行死刑了。

由此观之，其实，我们真正的成年，往往是走出校门的 22 岁，而不是走入大学的 18 岁。

如果你以前是靠摘抄来记忆，现在就要通过复述来记忆了。

如果你以前是靠做题来巩固，现在就要通过练习来强化了。

每天回到家里，能够打开台灯、青灯黄卷，一心只读圣贤书，那是专职读书人才有条件做的事情。

而你，已经开始独立执业，为了案源需要四处奔波，既然时间如此有限，为什么还要再去机械地理解学习这件事呢？

你要明白，对老师而言，多交一个朋友等于少读一页书，而对于律师而言，多交一个朋友等于多读一页书。

书，不一定都由文字组成。

这个时代最大的特征就是学习社交化。

成年人的学习必然会深深地嵌入我们的日常场景，对于成人而言，真正的学习是在日常。

不要再幻想拥有一个台灯了，不要再幻想拥有一个课堂了，不要再幻想拥有一个学校了。

如果你不能在餐厅里学习，你就不会学习；如果你不能在电视前学习，你就不会学习；如果你不能在地铁里学习，你就不会学习。

既然这场饭局必须要去，干嘛不转换心态，去把握饭桌上话题的主动权，让它变成一个学习场景呢？

你在饭桌上扔一个笑话，大家不甘示弱，每人都会扔一个笑话呼应。

你再讲一个典故，大家不甘示弱，也都会再讲一个典故。

你推荐一本书，大家不甘示弱，也会纷纷推荐一本书。

要善于利用这种日常的场景去学习。

朋友的作用不是给你具体的道路，而是在一个你所不知道的伟大知识传统面前发出一声由衷的赞叹，从而给你打开一扇从未想过的窗口,让你知道你不曾知道的世界。

我非常喜欢和从事实务工作的朋友聚会,拿着学界的研究成果包括自己思考的结论去引导别人的质疑和批评,如果你听到了"胡扯""你不了解情况""我来跟你讲讲",接下来的饭局往往就会变成一场深度的学习。

书斋苦读的目的,就是在这些社交场合,用我的原初知识与立场去和别人更深的见解与学识,完成一次深度置换。每在饭桌上被批评和质疑一次,我的认知就有一次脱胎换骨的提升。

但如果我在书房里一味苦读,完成的,反而是观念和立场的一次次固化。

千万不要和一群人在一起聊"超女"、聊国际局势,在这些公共话题上,你们都是外行,外行人在一起聊大家都是外行的话题能有什么意义呢?

反过来,如果你跟法院的人在一起,就聊司法改革员额制;如果你和刑警在一起,就聊命案必破对侦查工作的影响;如果你在基层派出所,就聊一聊办公经费和执法公正的关系……

真正的学习场景是日常。

瑞宁,在学习的问题上,也不要着相。

有的知识,是必须正襟危坐才能吸收的。

而更多的见识,却可以在日常场景中完成迭代。

祝好。

37　面向未来的决策

> 你可以尝试用一个邮箱,给自己的另一个邮箱写信,以局外人的立场来回复自己的困惑,试着抽离自己的情绪,仅仅关注让你纠结的事实,做一次换位思考。有限的人生,不应该总是去弥补过去的遗憾,而应该开拓未来更多的惊喜。你的决策,应该面向未来。

少文老师:

您好。我现在在一所地方985院校就读法硕专业,眼看研一就快结束了。现在越来越觉得所在的城市经济停滞,身边的同学很大一部分准备留在这里,却没有了奋斗的欲望。当初选择这所学校就是因为当年全力准备司考,高分通过后准备考研的时间已经不多,加上对自己能力不太自信,就没有选择北京的院校,现在越想越后悔。如果再在这边待3年,估计就更没有勇气考回北京了。所以,我很想退学重新考北京的研究生。但我又没有考博的打算,我知道即便顺利考上,也还是硕士研究生的学历。不知道自己冒这个风险究竟值不值得，想听您帮我分析分析。

——夏天

夏天同学：

曾经有同学在考前问我："老师，我还有好多书没看，好焦虑啊，你说我该怎么办？"

我回答："既然好多书没看，就去看书！"

你关注的是情绪，我关注的是事实。

所以，我才能找到问题的症结，给你一个解决的方案。

你可以尝试用一个邮箱，给自己的另一个邮箱写信，以局外人的立场来回复自己的困惑，试着抽离自己的情绪，仅仅关注让你纠结的事实，做一次换位思考。也许，会有意外的收获。

不过现在，我想先来聊聊我对这件事情的看法。

你的学校本已不差，地域也不是三线，更没人禁止你毕业后去北京发展。

但是，你对现状的不满，竟然不是寄希望于毕业后的选择，而是退学后的复读。

大家都已经在赛道上比赛了，而你还在期待重跑。

问题是，大家都在狂奔，谁还会陪你回到起点？

不要动辄就用考试解决所有困境。瞄准你最想去的下一个平台，准备3年，远胜于瞄准你想去的学校，重考3年。

一个是面向未来的打拼，一个是面向过去的自慰。

你不知道晚毕业一年对你而言是更大的损失吗？这笔账都算不过来？

很多时候，我们在作出选择的时候，往往抓不到问题的根本。

例如，留学的本质是享受国外的教育资源，而不是在国外享受教育资源。但是，很多学生费了九牛二虎之力，终于到了国外，却过着和国内一样的日子。

我认识一个学生，和你一样，特别擅长考试，因而对考试有着非常严重的情结。

他有个特点，每通过一门考试，就会选择下一个目标，难度逐渐升级，但都能顺利过关。

就我所知，他就有英语八级、注会、法律职业资格证等让人艳羡不已的各类职业资格证书。而有一次他陪一个同学来找我咨询北大求学事项的时候，为了鼓励同伴坚定信心，他承诺陪考，竟然又在第二年考上了北大的硕士。

他在考试里能够获得极大的成就感。

你们这些学霸，其实都有一个共同的心理模式。

因为和考试有关的所有细节你都清楚，你只需要解决好你和时间的关系就能把控所有过程，因而会让你的内心感到安全。

而往前开拓，你却完全没有章法，不知从何下手，从而失去这种安全体验。

当你毅然决定退学重考，周围人都在说你有魄力的时候，我对你的评价，却和他们恰恰相反，你不是在追求自己的梦想，而只是回到你的安全模式，看似勇敢的一次人生抉择，实际反映的仍然是你风险规避的人格特性。

这是你内心隐秘的逻辑。

你可能会为自己辩解说，你今天看起来是在倒退，但是就像插秧一样，退步原来是向前。最后的赢家，谁知道呢？你会因为重考而获得一个更大的平台，获得更广阔的视角，进步的速度也会比现在快很多。

对，看似有理。

但问题是，你不重考，这些就实现不了吗？你是不是觉得，如果不去复读，就永远没有机会以别的方式重返北京呢？

为何非要通过考试来弥补没有在北京发展的遗憾？

为何非要把青春浪费在考试上呢？

看似目标明确的人生，实际上，却恰恰是目标模糊的体现。

有限的人生，不应该总是去弥补过去的遗憾，而应该开拓未来更多的惊喜。

你的决策，应该面向未来。

38　片面的真实等于全面的虚假

> 法律和新闻一样,它并不是一个求美的职业,它的首要目的,是求真。我们永远不能为了让笔下的世界更加接近于我们的理想,就对现实做任意的剪裁。求真的愿望应当压倒一切行善的渴望。迟来的正义并非正义,而片面的真实,往往等于全面的虚假。

少文老师:

我是校报记者,前不久采访学校一位著名教授,稿子出来的时候因为时间比较紧就直接拿去发表了,没有给他审核。教授看到校报以后非常生气,说我没有按照事先的承诺先给他过目,导致稿件里有一些信息和真实情况有所出入而无法更正。可我觉得,尽管有些细节的确不太严谨,但基本上都是对他的赞美之词,也无伤大雅,反而有利于对他形象的塑造。他的反应这么激烈,我有些想不通。

——萧默

萧默同学：

你好。

这位教授批评得对。换了是我，也会严肃地批评你。

这类事恰巧在我身上，也发生过。

几年前，我在北大读博士后的时候，我以前任教过的学校，也有位校报记者，希望能够给我做一篇人物专访。

我就答应了，并按照约定好的时间，跟他在电话里做了简短的问答和沟通。

之后，访谈发表了，他给我寄了过来。

可是，在我仔细阅读的时候，我发现，有很多细节在采访时对方并没有问及，而是通过其他渠道搜罗而成并做了许多主观的加工。

例如，我只是曾经在美国华盛顿、费城和凤凰城有过为期一周的短暂访问，但稿件里却写成了在哈佛大学访学一年。

又如，我并没有为学生购买一千册图书免费发放，而只是接受了别人的赠书，我负责承担运费，送到学生手上。

还有一些我私下给予别人的帮助，无意让别人知道，更无意被媒体报道，但他不知从哪里得知的消息，将受助人的信息也一并写入了访谈。

我立即非常严肃地给这位学生写了封邮件，在指出内容中的上述问题之后，我这样写道：

我并不想因为指出上述问题而增加你的心理负担。

我只是觉得，不论是有心还是无意，夸张的宣传其实会误导读者，而且违背了新闻的基本价值——真实。

真、善、美，一定是真排在最前，然后才可能是善，最后才可能是美。

尤其是我们将来要从事求真工作的时候，明确这一点，至关重要。

法律和新闻一样，它并不是一个求美的职业，它的首要追求，是求真。

我们永远不能为了让笔下的世界更加接近于我们的理想，就对现实做任意的剪裁。

求真的愿望应当压倒一切行善的渴望。

《南方周末》评论版曾经刊载过一篇文章《归去来兮，司徒雷登》。

对于司徒雷登这个名字，我们一点也不陌生，但是对他的解读却从未得见。因此颇有引述之必要。

文中说：半个多世纪以来，作为教育家和传教士的真实的司徒雷登始终未为中国人民所认识，尤其是他在中国期间对于燕京大学发展所作出的贡献，新中国成立后更是从我们的历史中被一笔抹去，司徒成了一个纯粹的政治人物。[1]

但是，被毛主席在《别了，司徒雷登》中加以对比和赞扬的闻一多先生却在《最后一次的演讲》中，对司徒雷登作出了很高的评价：

现在司徒雷登出任美驻华大使，司徒雷登是中国人民的朋友，是教育家，他生长在中国，受的美国教育。他住在中国的时间比住在美国的时间长，他就如一个中国的留

---

[1] 张平：《归去来兮，司徒雷登》，载《南方周末》2008年第1294期。

学生一样,从前在北平时,也常见面。他是一位和蔼可亲的学者,是真正知道中国人民的要求的,这不是说司徒雷登有三头六臂,能替中国人民解决一切,而是说美国人民的舆论抬头,美国才有这转变。

闻一多的这篇演讲后来也被收入中学教科书,但这段文字被删除了。[1]

删节事实毕竟保留了部分的真实,但是谁又能否认,这种片面的真实可能构成对于虚假信息的全面营造呢?

虽然我们说出来的没有假话,但又有多少真话被埋在了舌头以下呢?

历史充斥着这种片面的真实,以一种貌似客观的引证曲解和歪曲历史的本来面目。

于是,发明天才爱迪生参与制造第一把电椅的历史事实就被隐藏了起来。

于是,童话大王格林兄弟原作中充满血腥暴力的惨烈场面就被掩藏了起来。

一个名叫理查德·扎克斯的美国青年,不满于历史书的这种片面真实,在读书之余留意搜集历史的真相,终于写成了《西方文明的另类历史——被我们忽略的真实故事》一书。

扎克斯比喊出皇帝没穿衣服的孩子更为顽皮,他试图绕到电影幕布后面,向观众揭示由光影控制的剧情。

由于这本书颠覆了世人对很多历史事件的传统认识,

---

[1] 杨东晓:《司徒雷登:一个甲子的归程》,载《新世纪周刊》2008年第34期。

出版后引起巨大反响，佐治亚州立法机关甚至投票表决要从公共图书馆中查禁此书。

法律和新闻，是自由社会的任督二脉。

在现实中，新闻改革和法治改革，都不能太过理想化，它们都需要按住一头，以求放开一片。

因此，老报人黄文俞说："我们可以有说不出来的真话，但我们必须保证我们说出来的不能是假话。"[1]

有时，迫于环境的压力，我们可以接受迟来的正义和片面的真实。

但是，我们内心必须清楚，迟来的正义并非正义，而片面的真实，往往等于全面的虚假。

你，学的是法律，做的是新闻。

更应知道，两者之间，没有界限。

这是走入社会之前，最重要的一课。

---

[1] 《可有不说出来的真话，但不可说假话》，载南方报网：http://epaper.southcn.com/nfdaily/html/2009-06/12/content_6756846.htm，最后访问日期：2020年9月14日。

39　思想的回归就是进步

> 而我们，在如此年轻的时候就开始淡泊名利，可问题是，你的名利在哪儿呢？连淡泊的客体都没有，你的淡泊，岂不是懒惰的代名词和遮羞布？所以，我对你的建议是：去努力！去创造！去经历！甚至去颓废！无论做些什么，但首先，你要先热起来！

少文老师：

我从小就对哲学特别感兴趣，相比于物质财富，我更向往精神富足的生活。最近一段时间，我又重读了很多宗教方面的书，感觉所谓的奋斗、名利、事业，都非常不真实，那些并不是我们真正的生命。所以，我现在对周遭的一切都提不起任何兴趣，只想沉浸在一个人的世界里。林贤治曾经写给巴金一句话："思想上的回归就是进步。"我的思想的确回归了，但我不知道进步了没有。求解。

——元敏

元敏同学：

你好。

近日在读苏立群的《傅雷别传》，看到傅雷在所译《贝多芬》传记之序言中有这么一段话，甚好，抄录给你：

不经过战斗的舍弃是虚伪的，不经过劫难磨练的超脱是轻佻的，逃避现实的明哲是卑怯的，中庸、苟且、小智小慧，是我们的致命伤，这是我十五年来与日俱增的信念，而这一切都由于贝多芬的启示……[1]

很喜欢这段话。而且，正好可以拿来回答你的问题。

我的朋友王武东曾对我说过，放下俗务有两条途径：一种是未曾经历即了悟，另一种是经历之后才解脱。

你觉得，哪种信仰会更加的坚定？

早年混社会，晚年混教会。

在我看来，只有写下《忏悔录》的奥古斯都可能才是最为坚定的基督徒，只有阅尽人间春色的弘一法师才可能是最为虔诚的佛教徒。

而我们，在如此年轻的时候就开始淡泊名利，可问题是，你的名利在哪儿呢？

连淡泊的客体都没有，你的淡泊，岂不是懒惰的代名词和遮羞布？

其实，十几年前的我，内心也一直渴望与宗教的不期而遇。但我希望，在此之前，我能再多一些让我不致回转的经历。

所以，我对你的建议是：去努力！去创造！

---

[1] 苏立群：《傅雷别传》，作家出版社2000年版。

去经历！甚至去颓废！

无论做些什么，但首先，你要先热起来！

《中国宗教通史》载：明代蕅益大师，少年时期是一个坚定的儒者，竭力谤佛，誓灭佛老，后发心重注论语，到颜渊问仁一章，不能下笔。[1]

17岁时因读莲池大师的《自知录》《竹窗随笔》，幡然醒悟，乃不辟佛。取所著《辟佛论》焚之。

24岁出家为僧，受具足戒。为一代宗师。

印光大师幼时学儒，亦效韩愈辟佛，15岁偶读佛经，回心向佛。

所以，在我看来，

宗教是遇到，而不是选择。

宗教不是到达彼岸，而是回头是岸。

你读过《香草山》这本书吗？那是我大学时期非常喜欢的一本书信自传体小说。

读这本书的时候，我知道那是一个纯然的精神世界，在这片香草地上，男女主角两人刻意隐去了凡尘俗世里的是是非非，而把全部身影和身心都隐在了百合花、鸽子、葡萄园、活水井、荆棘组成的世界里。

所有的思想和文字就像一只只洁白的山羊一样贪婪地吸吮着上帝创造的这片伊甸园的营养，而他和爱人则像两个牧羊人，不是用皮鞭，而是用他们对世界无边的爱和与万物共通的灵性放牧这群山羊，等到这些山羊长出了锋利的角，他们会带领它们下山，带领它们像犀牛

---

[1] 参见牟钟鉴：《中国宗教通史》，中国社会科学出版社2007年版。

一样冲向敌阵。

正因为有这样一个信念,所以他们的爱才不狭隘,也正因为有这样一个信念,他们在沐浴着爱的阳光的同时总在牵挂着太阳照耀不到的地球的另一半。所以,你才能在那本书里读到激情,读到热度,读到奔涌的生命力,而我也才能从中读到吸取了养分的躯体在爱的催化作用下迅速聚变成能量的咯咯作响的声音。

我们不需要这么多宗教徒,但是我们需要更多修行者。

说了这么多,也许有些空洞,于你的心绪没有半分助益。以前总有人说我是个有激情的人,一番话便可燃起别人心中的烈火,只是不知你还是不是干柴,也不知自己心中这把火是否已经烧得更旺并足以影响他人。但真的希望你能重新拾回以前的信心,以佛心入世,以佛心出世。

我觉得,能够在年轻时就接触宗教,对于调解内心的焦虑,的确是件好事,但问题是,你应该扩展而非转移自己的领域。

最理想的状态,是带着宗教般的情感,去从事入世的工作。

你在信中引用了林贤治写给巴金的一句话:思想上的回归就是进步。我深以为然。人的一生,就是不断回到原点的过程,生与死之间唯一的区别就在于,大哭而来,微笑而去。

而开头和结尾,都应如婴儿之未孩。

丰子恺说,人生的活法分为三层:物质生活、精神生活、灵魂生活。

物质生活指衣食,精神生活指艺术,灵魂生活指宗教。
李叔同就是这样一步步成为弘一法师的。
梁漱溟说,生活的艺术化可代生活的宗教化。
蔡元培说,当以美育代宗教。
谨以这句话送给还年轻的你。
愿我们——觉路相逢。

40　你可以脱靶，但不能没有目标

> 不必刻意去影响谁，更不必刻意去改变谁，我们要做的，也许仅仅是找到自己认识这个世界的独有坐标。在这个过程中，你可以脱靶，但不能没有目标。

少文老师：

您好，我曾是您的学生，现在和您一样是一名法学老师，我很想用自己的言行去影响学生，但是效果往往并不好。现在的学生，和我们太不一样了。他们只关心眼前的事情和短期的利益。我对于教育的热情经常落空。

——学明

学明同学：

你好。

我想和你讲一个人。

柴静，火柴的柴，安静的静。

这是她给自己的界定，热情似火，平静如水。

她的安静，在于她并不想影响谁。柴静曾经在北大演讲时，分享过这样一个故事：

我的办公室里有一位人大新闻专业的实习生，非常勤奋，也很踏实。有一天，我们聊天。

我问他，你将来的理想是什么？

他说：当制片人。

我问：然后呢？

他说：当台长。

我接着问：再然后呢？

他回答：去影响别人。

我笑笑：影响别人什么呢？

他沉默了一会儿：这个我还从来没想过。

白岩松说，新闻人是去影响有影响力的人。而她说，她只想和与自己同频率的人，一起分享她的心跳。

上个月，我与一个非常优秀的出版人一起聊天，说起现在的理想："写一篇让一个人读一千遍的诗，而不是让一千个人只读一遍的诗。"

吸引同类，同时被其他人唾弃。

"在通往牛逼的道路上一路狂奔。"

这是1999年，湖南卫视"新青年"节目的一个剪影。柴静和诗人一起朗诵着这句诗歌，在"娱乐至死"的丛林中杀出一片理想主义的斗兽场。

此后，她一路狂奔。

2000年，东方时空的陈虻找到柴静，希望她加入中央电视台，和白岩松搭档。

见面地点在梅地亚。

陈虻跷起二郎腿:"你做好了家喻户晓的心理准备了吗?"

柴静也不甘示弱,同时跷起了二郎腿,"我已经家喻户晓了"。

"我说的是真正的家喻户晓。你愿意来中央台吗?"

"我为什么要来?!"

——情理之外,意料之外的回答。

——原来,她只是为了奔跑,而不是为了到达!

"先来看看我们内部的晚会吧。"陈虻并不着急收官,而精于布局。

柴静还是去了。那个她最终要到达的地方。

那是中央台新闻评论部的内部颁奖典礼。

获奖者感冒,没来得及写稿,临时在一卷手纸上写了几句获奖感言,"四项基本原则,两个基本点",念完之后用手纸擦了鼻子就下去了。柴静事后回忆,当时确有惊艳之感。

然后,开始放崔永元制作的搞笑大片:《分家在十月》,讽刺台下在座的各级领导、名人以及自己。

就在此时,台下领导的钱包被人哄抢,把里面所有的钱撒向空中,纷纷飘扬,一张一百元大钞就像《阿甘正传》里的羽毛,到了柴静的手里。

在那一瞬间,一种名叫"自由"和"平等"的东西,越过了制度层面的阻碍,直接砸在她的心头。就在那一瞬间,她决定:"我来这里得了!"

人无法选择周围的大环境,但一定要营造自己内心的小宇宙。

柴静还常常记起这样一个细节。

节目究竟应不应该深刻？应不应该加入思想？观众会不会不容易体会？

有编导不想在片子里放入思想，因为"我妈说看不懂"。

陈虻说："思想、你、你妈这是三个东西，现在你妈看不懂，这是铁定的事实，到底是这思想错了，还是你妈的水平太低，还是你没把这思想表达清楚？我告诉你，你妈是上帝，不会错。思想本身也不会错，是你错了，思想没有被传递。"

然后，在某一年的某一时刻，陈虻离开了柴静，离开了所有的人。但他用以上细节告诉柴静："姑娘，这不是感伤的时候。"

"你必须退让的时候，就必须退让。但在你必须选择机会前进的时候，必须前进……只有你非常清楚地知道你的靶子在哪儿，退到一环，甚至脱靶都没有关系。环境需要你脱靶的时候，你可以脱靶，这就是运作的策略，但你不能失去自己的目标。"

以上关于柴静的片段构成了我对你以及我自己的某种期许。

不必刻意去影响谁，更不必刻意去改变谁，我们要做的，也许仅仅是找到自己认识这个世界的独有坐标。

在这个过程中，你可以脱靶，但不能没有目标。

以上。

41 巧舌如簧又如何？

> 言以载道。没有思想的演讲，赢得的只是廉价的赞美。我很清楚，很多世间法里的优秀，在出世间法看来，都尚在真理之外。

少文老师：

我在网上看过您几个演讲视频，非常喜欢，感觉巧舌如簧，很有感染力和说服力。对于我们这些将来要从事律师工作的法科生而言，口才无疑是非常重要的一个能力，我很想知道，您的口才是如何锻炼出来的？能不能传授一二？

——彦语

彦语同学：

当你艳羡一种能力的时候，你应该关注的，恰恰不是这种能力本身。

我在大学时，和你一样，非常关注一个人的表达能力，当时的我，奉白岩松为偶像。

我曾专门翘课，就是为了能够提前5个小时，到对面大学的礼堂里为晚上他的演讲提前占座。

当听到他的开场："有些讲座我是'应邀'前去，但你们学校的讲座，我却是'硬要'前来。"

我就可以为这种小小的语言技巧和设计感而兴奋整整一个晚上。

那时的我告诉自己，未来要么成为白岩松，要么一事无成。

但当时我的演讲，每次得到的都是对嗓音的赞美，而我传递的思想，却从不被人提及。

我甚至一度想毁了我被人羡慕不已的磁性的嗓音。

如果你的嗓音损害了你思想的传递，如果你的技巧影响了你情感的表达，那么这些，都应该是被舍弃的对象。

那些表面的热闹，根本不应该是我们追求的目标。

巧舌如簧又如何？

你应该追求的，是背后那个更为本质的东西。

言以载道。

没有思想的演讲，赢得的只是廉价的赞美。

我很清楚，很多世间法里的优秀，在出世间法看来，都尚在真理之外。

想起文字偶像王怡有一次打开电脑，发现自己写的文章已经超过了两百万字后内心的惶恐："一个不知道真理的人在那里唧唧呱呱，这个罪比卖了两百万斤猪肉还要大。"

在他的演讲中,我听到了许多震撼心灵的内容。

他说:"在地震来临之前,我们都在地上拼命积攒不动产,而当地震来临的时候,我们才发现,原来所有不动产,其实都是动产。"

他引用路易斯的话说:"我反对奴隶制,不是因为我不想做奴隶,而是我发现,没有人配当我的奴隶主。"

没有任何技巧,但是,却有让人击节的观念和让人绝望的才华。

背后的积累,是阅读思考,而不是演讲培训。

从大学时的我,到现在的我,我用了20年的时间。

这中间,是每天十几个小时阅读的长期积累。

我从未专门学习过什么所谓的演讲技巧。

而你还没有读书,我怎么教你技巧?

你读谁,才会成为谁。

有人曾问我:在公开演讲中经常引用我的一些金句,会不会介意?

我回答:不会。因为你摘的都是苹果,而我,是那棵苹果树。你能用的,不会超过我所有的。

回去看看你的书架,那是一面镜子,照出来的,是未来的你。

徐皓峰导演说:"在技术化的年代,要庆幸自己没有早早地学习各种生存的本领。别急着学什么,别急着做个能人。那些重大的生存技巧,进入工作后几个月就学会了,犯不着在人生最好的四年里学这些。"[1]

---

[1] 徐皓峰:《刀与星辰》,世界图书出版公司北京公司2012年版。

彦语同学，技巧是无知的遮羞布，巧舌如簧又如何？
先别说话，滚去看书。
等没救了，再来找我。

42 可不可以不勇敢？

> 不要让愤怒成为一种标尺。因为呐喊肯定是因为勇敢，但是沉默却未必仅仅因为胆怯。也许，仅仅是因为他们和你面对的经验世界相差甚远。多元的价值远胜民主。和我不一样的，也可能是好的

少文老师：

我今年暑假实习的指导老师是一位刑辩律师。他这个人心直口快，办案时为了当事人利益会和警察、检察官据理力争，也经常会参与一些敏感案件的声援，很多时候我都替他捏一把汗，但我内心对他还是非常尊重的。不过他有一个观点我却不太同意，他说学者和律师，只要不敢和公权力对抗的，都是奴才和骗子。法律人就应该对权力永不妥协，抗争到底。只有像他这样的人才可以称得上是真正的法律人。我总觉得他太偏激了，但是又说服不了他。

——温军

温军同学：

你好。

你的问题我也遇到过。和律师接触多了，这类事总是会发生的。

这个话题，前段时间有过一次激烈的讨论。

著名学者徐贲教授发表《沉默是知识分子的"权利"吗》[1]一文，他认为，为不义而发声是知识分子的义务，而非权利。

按照康德的理论，义务分为两种：一种是完全义务，另一种则是不完全义务。

所谓完全义务，指的是如果一件事大家都去做，就会在实行过程中引发冲突，因此不做这样的事就是人的完全义务。例如，如果允许偷盗或者杀人，则会天下大乱，所以，不偷盗，不杀人，就成了人的完全义务。

而如果一个人不强迫别人也这么做，但却希望有尽量多的人也这么做，比如，虽然别人不帮助人，但他却在帮助人。虽然别人明哲保身，但他却挺身而出。那他所尽的，就是不完全义务。

一般人选择明哲保身可能是他的权利。

但对知识分子，这却是他的不完全义务。

所以，学者，没有权利沉默。

但是，有人不同意。

熊培云说：

---

[1] 徐贲：《沉默是知识分子的"权利"吗》，载《世界文化》2016年第7期。

你不要自由，我强迫你自由。你不说话，我强迫你说话。这是典型的罗伯斯庇尔逻辑。

正如爱国主义者喜欢监督其他人是否爱国，自由主义者更喜欢监督他人是否热爱自由。

他们追求的和自己践履的，往往相反。

每个人都苦难深重。每个人都有自己的当务之急。每个人都有生死以之的事情，凭什么他一定要跟着你的号子走？你又不是知识分子总司令。[1]

两位知识分子我都非常喜欢。如果非要我选择站队的话，我想说：徐老师正气凛然，铮铮铁骨，所以，我选择熊培云。

这不是玩笑，这是一个非常严肃的道德命题。

用范玮琪的一首歌来形容，就是"可不可以不勇敢"。

准备开喷的读者可以暂时先冷静一下，请你看清楚，我们在讨论的问题，不是知识分子应不应该去呐喊，而是他可不可以不勇敢？

这又是一个会造成观念撕裂的话题。我知道碰触它可能带来的后果。

但是，当某律师公开表示，凡是不和公权力对抗的人，都是奴才和骗子的时候；当某知名学者回国任教，为国家培养大批科学人才，却被网友怒批对社会事件沉默自保，因而强迫他必须"公共"的时候；当某著名教授去世时，有网友以他没有推动社会进步为由而在满屏的哀悼声中愤然指责他的渺小的时候；我都觉得，这种强迫愤怒的气氛，

---

[1] 参见熊培云：《慈悲与玫瑰》，新星出版社2017年版。

是不是稍显暴戾了一些。

因为，按照这个逻辑，屠呦呦是不是也必须写出《纪念刘和珍君》这样的文章，同时拿到诺贝尔和平奖，才算是一个合格的知识分子？

我们所期待的学者，是不是除了左拉这样面对冤案拍案而起的金刚怒目，就不能有晏阳初、陶行知这样投身教育的菩萨低眉？

我承认，我一度非常困惑。

困惑的不是一个知识分子应该成为一个什么样的人，这一点我内心非常清楚。

而是，我们能不能强迫别人也成为和我们一样的人。

回首过往，年轻气盛的我，手持正义的标尺和语言的利剑，一路斩杀，举凡不公不义、无德无良之司法乱象，一律顺我者昌逆我者亡。

听者快而仇者痛。

那时的我，和你说的他一样，把批评他人的懦弱当作自己的勇敢。

现在我才体会到，那其实不是正义感，那是强迫症。

我们多年以来希望从历史中吸取的教训，难道不就是要谨防用自己的道德实践，去作为他人的道德标准吗？

每个人对社会的理解都不尽相同，有人认为已经到了崩溃的前夜，有人认为这只是转型期的阵痛。这本是一种极为正常的多元视角，为什么要强求所有的人，统一采取愤怒的姿态？

为什么我们为了一个多元世界而努力奋斗，却又不允许和自己不一样的存在？

对那些能够死磕违法、呼吁公义的人，抛开一些具体做法不谈，对这种精神，在任何场合，在任何时候，我都持敬佩赞美之情。

而且，他们中的一些人还是我的好友，我曾带着自己的学生私下去请益，了解他们申冤平反路上的艰辛，以此告诉学生，他们要选择的路上，没有桂冠，只有荆棘。

但是，这并不代表，就可以此要求所有人，都要和他们一样的愤怒，否则就是堕落。

这个结论，推不出来。

我内心所敬佩的勇士，犹如钢锯岭上穿梭来回、救死扶伤的上等兵戴斯蒙德·道斯。

只顾践履自己尊重生命的宗教信仰，却并不因此而贬斥战友和敌人。

用感动，而非强迫，让人接受他的信仰和行动。

这样的勇士，不是说一句"同志们，跟我上"，而是"你们撤，我掩护"。

曾在《南方周末》看到一段话，我深以为然："我觉得人不应该完全变得像一个斗士，毕竟人生苦短，岁月如白驹过隙，你需要有一种非常美好的生命感受，跟朋友的爽朗交往，放眼青山绿水的那种喜悦，读一本老书给你带来的快乐，等等。其实人不完全是为了改造这个社会而存在的，我们需要更丰富多彩的人生历程。"

在写这封信的时候，我就已经做好了被误解和批判的准备。而且，如果有，我将不置一词。

语言只会加深鸿沟。

因而，被误会是表达者的宿命。

但我还是想说，很多时候，是性情，而非良知，决定了一个人面对社会的态度。

在真实的历史中，法国作家左拉也曾坚决拒绝为德雷福斯发声，而风靡一时的韩国电影《辩护人》中的韩国第九位总统卢武铉，早年在走上人权律师道路之前，也曾一心经营个人事业，而从不认为那个不义的世界和自己有关。

影响他们的，是一个震撼他们良知的精神事件。

所以，更多时候，也许，愤怒和不愤怒，只是人生的两个阶段。

一个经常面对病毒的医生，怎能和一个天天面对冤案的律师一样，保持愤怒？

不要让愤怒成为一种标尺。

因为呐喊肯定是因为勇敢，但是沉默却未必仅仅因为胆怯。

也许，仅仅是因为他们和你面对的经验世界相差甚远。

如果我们将来要生活在这种思维统治的世界里，和之前被改变的世界，又有什么两样？

罗素说，参差多态乃幸福本源。

理解这一句话，比读无数遍《论自由》更为重要。

多元的价值远胜民主。

和我不一样的，也可能是好的。

我渴望成为钢锯岭上的道斯，但也不希望自己内心失衡，因而去指责其他战士。

就像你渴望成为战士,但也不要指责那些芸芸众生。

曾有人问我:当有一天,渐行渐远,你所坚持的,同行的越来越少,直至孤身一人,你该如何坚守初衷?

我答:做生命中的道斯,面对内心招兵买马,把自己走成一支队伍。

—— **法律人的专业之道** ——

43　劝君多读判决书

> 法学是一门社会科学,而不是人文学科。如果你的理论学习可以不用出门,我大体可以判断,你所学习的法学,已经背离了它的学科性质,远离了社会生活。

少文老师:

最近我挺困惑一件事情,我们已经分了导师了。老师非常负责,不过他是个学院派的学者,自己很喜欢看理论书,也要求我们必须读一些经典的理论著作,例如,罗尔斯的《正义论》。每周都会要求我们写好几千字的读书报告。他说,只要坚持下去就一定有收获。但是我们几个同学却越来越排斥,因为我们的兴趣真不在这个上面,我不知道读这些书有什么意义,即便是要学习理论知识,我觉得也未必非得是这种理论。我们都希望将来能做律师,想利用有限的时间多在与实务有关的问题上做一些积累,看一些部门法理论,但现在能留给自己的时间非常少。老师还说,我们这种想法太浮躁、不扎实。难道我们这样想真的错了吗?

——王东

王东同学：

你好。

刘瑜说：只要绞尽脑汁去思考任何东西，它都会有深意。电影《黑客帝国》里，先知使劲盯着一把勺子，都能看出宇宙的秘密。[1]

任何事，只要坚持下去，都肯定会有收获。

所以，老师说的，并没有错。

但问题是，有用的事情太多了。

人是在约束条件下决策的。而时间和精力，是最大的约束条件。

做学生，最怕的是把自己最熟悉的当作自己最擅长的。

而做老师，最怕的是把自己最喜欢的，当作学生最需要的。

任何人都有局限，包括老师。

我时常提醒自己，在学生需要扬帆的时候，不能因为我们只有单车，而禁止他们下海。

在学生需要练习实务写作的时候，不能因为我们只懂理论，就要求他们必须去写学术论文。

不是学生喜欢了我们喜欢的，才叫扎实。而学习他们认为有用的，就一定是浮躁。

关键是他们需要的，未必是我们擅长的。

以前，老师要有一桶水，才能给学生一瓢饮。但现在，老师只有一条河，却要给学生指出一片海。

---

1 刘瑜：《从经验到经典》，载刘瑜：《观念的水位》，江苏文艺出版社2014年版。

导师的作用，是在了解学生的发展兴趣和发展方向以后，为他们量身定制个性化的学习方案，引导他们找到适合他们的理论进阶。

在我看来，法哲学和部门法并无高下之分，只有好理论和差理论的不同。

学生去看《证据法》而不是《正义论》，也只是兴趣和需要的不同，而不是扎实与功利的差异。

要接纳和正视学生真实的学习需求，并对其做循循善诱的理论引导。引导他，在一个具体的实务问题之上，去思考更为宏大的理论命题，进行回溯性的理论学习。

毕竟，法学是一门社会科学，而不是人文学科。

如果说后者允许我们端坐书斋，那前者就要求我们必须深入社会。

如果你的理论学习可以不用出门，我大体可以判断，你所学习的法学，已经背离了它的学科性质，远离了社会生活。

在你已经完成了法学理论和部门法的系统性学习，并且已经确定了具体的发展方向以后，可以适度拓宽读书的定义，进行更经验化的学习。

首要的一条，就是去读判决书。

你一定读过王泽鉴老师的"天龙八部"吧？作为民法学的学术泰斗，王教授每天都坚持阅读判决书，并且坚持从判决书中提炼学术问题，进行类型化处理。

他的每一篇文章背后，都有数百篇判决书的支撑。

正是这种立足于经验的理论学习方法，才让他的著作具有极强的实践感。

那具体要怎样利用判决书,才能起到最好的学习效果,又如何通过判决书,进行回溯式的理论学习呢?

别的学科暂且不论,仅就我自己所从事研究与教学的刑诉法而言,这门学科具有非常强的实务属性,对这样的学科进行纯理论的研究,其实意义不大。

所以,我在带研究生的过程中,都会引导他们从经验事实中提取理论问题,并进行回溯性的理论学习,而不是皓首穷经地在理论著作中深耕细作,却对实践状况一无所知。

具体而言,这种实务导向的理论学习大体分为这样几个步骤:

首先,我会建议我的学生从刑法分则中选择某一个或某一类罪名。

选择的罪名必须是实践中常见多发的犯罪,而且要具有较强的延展性。

例如,我不太建议选择诸如盗窃罪这样的自然犯罪,因为,在纵向上这类罪名不太可能成为毕业后长期从事的专业领域;在横向上,它也很难延展到其他领域,无法起到举一反三的学习效果。

反之,如果选择诸如保险诈骗这样的罪名,则既可以成为未来专门从事商事犯罪辩护的必要积累,也可以在理论上延展到保险法的学习,有利于构建多学科的系统知识储备。

如果学生关注的领域是新兴犯罪类型,我会提醒他们重点关注判决书事实部分对作案手段的描述,以系统了解这类犯罪的常见方法。

如果作案手段涉及一些专业领域内的潜规则，我就会要求学生记录下这些操作手段涉及的行业背景知识，并专门创造调研机会有针对性地向专业人士求教，改传统的专业调研为行业调研。

运用类似方法，学生可以通过对判决书的梳理，整理出很多罪名的常见犯罪手法，并通过思维导图软件对其进行类型化、行业化的梳理。

在进行了上述这些基本工作以后，我还会要求学生就自己整理的类罪领域提出若干理论问题并对判决书进行第二轮挖掘。

例如，负责整理毒品犯罪的同学通过对判决书的初步梳理后，决定将"明知"要素的证明作为判决书第二轮研读的重点。

经过对云南、上海等地高院终审判决的研读，该同学发现，不同地域会对同一问题发展出不同的实务对策和裁判标准。

判决书的阅读进行到此时，大概就已经进入了理论研读的阶段。

我就会给他们指定相应的理论文献，让他们系统了解主观要素证明的理论学说，并结合判决书的研读进行类型化的概括，如果其研读的成果能够被现有文献的结论所涵盖，则这就是一次回溯性的理论学习。这种理论学习因为以经验为前提，因而不再枯燥和不知所云，往往会让学生茅塞顿开。

而如果研读的成果不能被现有文献结论所解释，则等于发现了一个值得研究的学术领域，我就会鼓励学生将其作为学年论文或学位论文选题，再进行系统深入的第三轮研读。

如此，在经验和理论之间不断往返，在毕业之时，你一定会在理论和实务两方面获益无穷，同时，也能更为深刻地理解法律所规制的这个世界，是如此的复杂和有趣。

法律的生命在于经验，而不在于逻辑。

在学习部门法的时候，尤其不要忘了霍姆斯的这句忠告。

让你的理论学习具有深厚的经验背景，才是进入法学殿堂的不二法门。

你说呢？

44　熟视岂能无睹？

> 能够在习焉不察的事物中找到问题，并针对这些问题提出自己的理论假设，再通过阅读和学习，去寻找这些问题的答案，这个过程所训练的敏感思维，才是教育的目的。

少文老师：

我们法学院实行教学改革，专门组建了一个实验班，我有幸入选。不过所有课程的教学方法都和传统教学有所不同，对于我们这些习惯于上课记笔记、考前背笔记的学生来说，一时间还真有些适应不了。例如，这学期的刑诉法，老师一上课就要求我们对书本内容进行提问，然后按照问题组织课堂教学内容，但我们都不知道该如何下手。老师很着急，说我们应该多训练提问能力，要细化思维的触觉。少文老师，我到现在还是不明白老师具体在说什么，什么是提问能力，又该如何细化自己的思维呢？

——Linda

Linda同学：

你好。

不会问问题，是因为我们的基础教育模式，不希望你问问题。

比如小时候学历史，老师会告诉你：1851年，洪秀全在广西金田起义，开始了轰轰烈烈的太平天国运动。

然后，我们的考试，就会考你：在哪一年，由谁，在哪里开始了太平天国运动。

历史，成了填空题。你当然只需要背那个正确的答案。提问，有意义吗？

但，真正的历史，其实是问答题。

我们看到这些细节的时候，需要不断地提问：为什么偏偏在1851年？为什么偏偏是洪秀全？为什么偏偏选择在金田起义？

历史教学的目的，并非记忆那些历史事件，而是探寻历史事件背后的因果关系。

找到这些问题的答案，才是真正的历史学习。

经历了这么多年的标准答案式教学，你已经失去了提问的能力。

但是，事已至此，如何自救？

首先，要养成对经验事实的敏感。

我的好朋友林明樟先生是一位非常著名的培训讲师。他在《一定要告诉孩子的18堂商业思维课》[1]一书中讲述

1　林明樟、林丞勋：《一定要告诉孩子的18堂商业思维课》，北京联合出版公司2019年版。

了一个非常有趣的故事，我在这里分享给你。

林老师每天接送儿子上学放学，都要经过一家机车修理店。

有一天，林老师突然问儿子："你有没有注意到，这家机车店的老板，每天不到 7 点就开门营业，但却没有开灯，到晚上 9 点的时候还在营业，但是店面只有几个昏暗的灯泡亮着？"

你看，发现这个问题其实根本不需要什么知识背景，只要对我们平时习焉不察的事物多一些敏锐的观察力。

让林老师没有想到的是，儿子不但注意到了这个现象，而且还补充了一个细节：在这家店的对面，有另一家机车店，灯火通明，店面里停了两台还在修理的车子。

观察到了这些细节，接下来，如何思考就变得非常重要了。

林老师开始引导儿子的思路："你猜猜看，那家昏暗机车店的老板这么努力，1 个月可以有多少收入？"

对经验的观察已经开始往纵深推进。

不过，这下，儿子却答不出来了。

林老师接着推理："我猜，那家店一天的客人可能不会超过两个，因为店面环境实在是不佳，落后行业普遍水平至少 10 年，除非是老客户，或者是爆胎推车推很久、一身大汗的人刚好路过，不然不会有任何新客户光临。如果是这样，你猜猜看，这家店的老板 1 个月能赚多少钱？"

儿子顺口答道："应该有 2 万新台币吧？"

林老师不置可否，继续引导："刚才不是说，这家店的老板一天可能只有两个客人，一个月每天都不休息，连续工作30天，共有60个客人，一般的客人都是来换机油等维修，费用只有几百元，毛利平均应该只有200元/人。现在再请你算一下，这家店一个月可以赚多少钱？"

经过这样的拆解，这个问题不再令人毫无头绪，儿子很快算出了答案，他吃惊地说："60个客人，每个月12000，居然比2万少这么多！"

林老师继续提问："对啊，这么认真却赚不到钱养家糊口，那一般机车店的老板会怎么做？"

儿子回答："应该会开始裁员，先把修车的学徒裁掉，同时想办法省钱，比如把原本天天清洗地板所花的水费省下来；电灯本来全开，后来只开一半，然后换成灯泡，白天可能就不开灯……"然后他突然回神说："难怪老板白天不想开灯，晚上只留几个灯泡亮着。"

经过引导，儿子说出了自己的商业思维，显然，在他的头脑之中，遇到经营困难的第一个直觉反应就是成本控制，知道了儿子这个惯性思维以后，林老师开始继续在这一点上和他沟通，并最终运用增量思维，带着儿子一起，为这家机车店完成了一次走出经营困局的商业重组策划。

剩下的故事我就不剧透了，感兴趣可以自己找这本书来看看。

我想在这里强调的是，这个案例非常典型地体现了一个人完整的思考过程，首先是观察力的训练，其次是思考力的延伸，最后是解决力的呈现。

能够在习焉不察的事物中找到问题，并针对这些问题提出自己的理论假设,再通过阅读和学习,去寻找这些问题的答案,这个过程所训练的敏感思维,才是教育的目的。

所以,在我看来,兴趣根本不是最好的老师。

没有恰当的指引,一个人怎么会对所学的所有学科都有同等的兴趣呢?

但是,如果我们能够培养和细化对于经验世界的敏感度,学会对经验世界开始提问,让它成为我们学习的向导,我们就会从提问中找到无尽的乐趣。

所以,在我看来,学习的第一步应该训练的是观察力,其次应该训练的是提问力,然后训练的应该是假说力。

至于记忆力,那是前三者的延伸,无须单独训练。

而最不该在学习早期提前训练的,就是理解力。

可我们的教育,却恰恰相反,不让你观察和提问,而是通过直接给你标准答案,拔苗助长。

因此,随着学历的提升,我们的记忆力和理解力一定随之提升。

但观察力和提问力,往往随之下降。

教学改革,其实是革命。

所以,你们老师做得对,提问能力的确至关重要。

下周,我和你聊聊,法学课堂如何训练提问能力。

45　极端化情境下的经验观察

> 法学是一门经验性学科,从概念到概念不是不可以,但它只适合黑格尔、康德等少数天才。对于如你我这样平凡的普通人,还是从锻炼自己对经验的观察力和提问力入手,更能取得事半功倍的效果。

Linda同学:

你好。

上一封信我们聊了如何养成对经验事实的敏感。

我希望你能明白:"观察力,是一切能力的源头。"

这一次,我想和你聊聊提问能力。

有一次,我去观摩郭倍老师的刑诉法课堂,他正在组织学生讨论一起投毒案。

老师拿出案件的媒体报道,将同学分组,希望大家能够围绕案情描述,提出所涉及的法律问题,并进而提出有讨论价值的理论问题。

案情大致如下:

2002年9月14日,某镇发生严重食物中毒事件。部分学生和民工陆续产生呕吐、吐血等中毒症状，一共造成42人死亡，300多人中毒。经查明嫌疑人陈某在该镇经营面食店期间，见另一面食店生意兴隆，遂怀恨在心，意图报复，所以用毒鼠强害死客人。后，被告被当地中院一审判处死刑。二审维持原判。被告人于2002年10月14日被执行枪决。

案情非常简单，大家在经过小组讨论后，普遍将焦点集中在了时间问题上。从未学习过刑诉法的同学们仅凭简单的直觉，就能感觉到这个案子从案发到最后执行死刑，历时1个月，无论如何都显得太快了一些。

"快"，于是成了一个普遍的感受被提了出来。

你看，任何一个没有经过系统知识学习的人，只要保持对经验事实的敏感，都会隐约发现问题所在。

但是，你能否围绕这个"快"字提出一些问题，把这种经验层面的主观感受进行问题化的客观改造，并用这种问题意识来引导我们的学习和研究呢？

同学们有些蒙圈，普遍感到棘手，似乎一场案例的发现之旅，就要抵达终点，再也无法继续。

在郭老师的邀请之下，我尝试着提出了一些问题。

用一个月的时间就走完所有程序，这有没有违法？

为了解答这个问题，我们需要去了解刑事诉讼各阶段的诉讼期间。

你会发现，由于我国的羁押期限和办案期限是重合的，所以，为了限制羁押期限，我们明确规定了办案期限以防止超期羁押。

但是，这种期间限制的只是办案期限的上限。至于办案期限的下限，也就是办案最少应当用多少天，是根本无法加以规定的。

所以，严格来说，案件办得慢有可能违法，但办得快似乎并无问题。

讲到这里，同学们普遍点头表示认可。

但是，我话锋一转："真的如此吗？"

中国人民公安大学的崔敏教授曾在《呼唤法制文明》这部文集中提到过"严打"期间的一个案子。[1]1996年，某省高级人民法院及某市中级人民法院依法从重判处一名"在'严打'中顶风作案、持刀行凶杀害民警"的犯罪分子。该犯田某伟于1996年5月13日行凶作案，5月19日被执行枪决。从侦查、预审、起诉、一审、二审、死刑复核到最后执行，7道程序总共用了6天时间。

现在我再问大家，这个案子用的时间显然比刚才的案子更短，你是不是仍然觉得没有问题呢？

同学们普遍不再表态，看得出来，某种直觉让他们犹豫了。似乎1个月和6天之间，有一种本质的区别。

我进一步提问："时间短本来不成问题，但如果时间过短会不会有所不同呢？如果把案发到最后执行的时间间隔改为3天呢？甚至如果没有时间间隔，抓到嫌疑人以后经过十几分钟的简单审讯然后就地正法呢？"

显然，如果一个死刑案件从案发到执行，一共只用了6天时间，请问：律师介入辩护最多能有多久？辩护律师阅卷和到现场走访调查的时间又能有多久？

---

[1] 参见崔敏：《呼唤法制文明》，警官教育出版社1999年版。

你看，如果我们对经验事实不够敏感的话，往往可以通过对情境进行极端化处理来发现背后隐藏的问题。

既然量变导致质变，那我们当然可以通过量化调整的方式来发现事物的本质。

不知道你读过《忒修斯之船》这本书没有？这本书讲的是西方哲学史上一个非常著名的思想实验："忒修斯之船"。

这个实验最早被普鲁塔克所记载，大意是：一艘可以在海上航行数百年的船，要归功于不断地替换部件。只要一块木板腐烂了，就会被替换掉。假设它有500块木板，在替换掉最初5块的时候，任何人都会认为，这艘船还是原来那艘船，但如果把500块木板全部替换掉呢？恐怕很多人就不会再斩钉截铁地坚持之前的看法了。但是，究竟在换掉多少块木板的时候，这艘船就不再是原来那艘船了呢？

你看，其实这个思想实验，讲的也是量变和质变之间的关系问题，如果我们在读书时能够有跨学科迁移思维的能力，就可以拿到刚才的案例分析中去，以此锐化我们的思维，增强我们的提问能力。

你可以继续深入思考：在用时1个月和用时6天之间，这个引起质变的时间界限究竟在哪里？背后的原理又是什么？

问题还没有结束。我继续追问："郭老师给我们讨论的是一起死刑案件，但如果换了一起轻微刑事案件，二者在办案速度上的要求会不会有所不同？为什么我们可以对一起轻罪案件进行速裁,却要对一起死刑案件强制进行死刑复核?更有甚者,为何有的国家还要强制被告人上诉,必须走完第二审程序才能执行死刑?"

这背后的理念,不恰好是要放慢死刑的执行速度吗?

那你有没有想过:"从重"的案件能同时"从快"吗?"从重"和"从快"这两个口号之间是不是本来就是一对相互矛盾的命题呢?

治乱世要用重典,但治乱世能用快典吗?

我们还可以不停追问下去。

现代刑事诉讼有一个非常重要的理念,就是"迅速审判权"。

一个嫌疑人一旦被立案侦查,就享有迅速接受审判的权利,而不能在审前阶段久拖不决。

因此,某种意义上,"迅速"办案的确是现代法治的追求。

但以迅速审判权来衡量前述案件,我们能说,"从重从快"是现代迅速审判理念的体现吗?

如果不能,这两者的区别又在哪里?

既然死刑案件办案速度不能过快,那么上述案例是不是在某种程度上侵犯了和犯罪嫌疑人迅速审判权相对应的另一类权利?如果是,那是一种什么样的权利?

你甚至还可以继续查找资料,去看看从案发到执行耗时 1 个多月的办案期限当中,侦查、审查起诉和审判分别占时多久?

例如,某大案的侦查阶段耗时 1 年有余,但到了审判环节，仅仅用了3个多小时就审理完毕，从而引发了一场关于庭审作秀的激烈讨论。但这场讨论的背后，是不是隐藏了各阶段诉讼期间合理比例关系这一重大的理论问题？

如果你发现了上面两个问题的答案，是不是可以作出一个新的理论贡献？

你看，我从大家都有的普遍感受出发，不断地细化自己的问题意识，从各个角度不断地逼问自己，最终通过一个经验事实找到了研究问题的多重视角，并最终通向一个个宏大的理论问题。

这样的学习，才是我所倡导的，从经验到理论的学习方法。

法学是一门经验性学科，从概念到概念不是不可以，但它只适合黑格尔、康德等少数天才。对于如你我这样平凡的普通人，还是从锻炼自己对经验的观察力和提问力入手，更能取得事半功倍的效果。

希望对你有所启发。

祝好。

46 你所说的,你自己懂吗?

> 真正的口语化是指,对学理语言进行一次过滤,以转变成能为听觉捕捉的有效信息,从而发现你似懂非懂的地方,并去除那些似是而非的论证。简言之,就是要淬炼思想,以直指人心。一个好的口语化表达,必须要符合"能理解、可复述、好传播"三个标准。

少文老师:

参加您的读书小组后,您要求我们选择一本社科经典,用口语化的方式梳理这本书所处的学术脉络,并厘清它和这条脉络上其他著作之间的起承转合关系。可我提交读书报告后,被您反复发回,修改意见上一直说我没有做到口语化,我不理解您所说的口语化到底是什么意思。能不能详细解释一下?

——文宇

文宇同学：

你好。

语言是节约交流成本的工具，因此它必然会省略掉诸多细节以达到"概念化"的传播，结果，被误会往往就成了表达者的宿命。

比如，我说的"口语化"三个字，很容易被一些望文生义者诟病。所以，的确有必要解释一下它的具体内涵。

我绝不是让你用大白话来陈述一个复杂精深的学理问题。更不是让你把一篇论文加上"啊""呢""吧""让我们一起来看看吧"，这样和低龄儿童沟通时所用的语言。

真正的口语化是指，对学理语言进行一次过滤，以转变成能为听觉捕捉的有效信息，从而发现你似懂非懂的地方，并去除那些似是而非的论证。

简言之，就是要淬炼思想，以直指人心。

一个好的口语化表达，必须要符合"能理解、可复述、好传播"三个标准。

这是在我前两封信所讲的观察力、提问力之外，需要训练的第三种能力——表达力。

我怎么可能反对你们使用学理语言？我只是想让你们知道，不到万不得已，非用抽象概念无以精准表述的时候，不要随便借助概念术语来掩盖自己对陈述对象的似懂非懂。

你在运用所谓学理语言的时候，必须首先问自己一个问题：

你所说的，你自己懂吗？

著名的印度电影《三傻大闹宝莱坞》里，就有这样一段课堂问答。

老师问学生：如何定义机械？

学霸同学回答：机械装置是实物构件的组合，各部分有确定的相对运动，借此，能量和动量相互转换，就像螺丝钉和螺帽或者杠杆围绕支点转动，还有滑轮的枢纽之类。尤其是构造，多少有点复杂，包括活动部件的组成，或者简单的机械零件，如滚轮、杠杆、凸轮等。

我敢保证你在听完这段定义之后，对于究竟什么是机械还是似懂非懂，也没有办法做到准确复述和有效传播。

这是一套书面定义，而在表达层面，却不能使用这种书面逻辑。

如果你需要一个提高表达能力的训练，就需要首先明白，书面逻辑和口语逻辑的区别，并能在这两者之间自由地穿梭和转换。

你知道书面逻辑和口语逻辑最大的不同在哪里吗？你的文章写得再长再枯燥都没有关系，因为人在看论文时既不需要在固定时间内完成，也不需要线性接受信息。

读者既可以选择分若干次读完文章，也可以跳跃式选择信息来构建前后的逻辑关系。

因此，书面语言完全可以进行纯粹演绎式的逻辑论证，而且不受读者注意力的时间限制，每20万字给出一个结论都不要紧。

但是听觉就完全不同。

它不能选择跳跃式接受信息，因而一个环环相扣、层层递进的逻辑体系就很难长时间地吸引听众注意。因此，除非你的逻辑足够强大，否则你必须放弃这种体系化的表达，而选择颗粒化的方式来传递信息。

如果你的表达能力可以吸引听众6个小时的注意力，那你就可以以6个小时为表述单位安排一个逻辑严密的论证体系，在6个小时后给出逻辑结论。

但如果你的表达能力只能吸引听众5分钟的注意力，你就需要思考，以5分钟为单位形成知识单元，以适应听众的注意力结构，然后在每个知识单元之间建立一个逻辑关系，实现由颗粒化组成的体系。

让你讲授知识的颗粒化程度和听众的注意力结构相匹配，这就是表达力的密码。

你可以在日后的学习中，反复体会其中的内涵。

口语逻辑和书面逻辑的另一个重要区别就在于，口语要求举例的精细化。

例如，要将一些形容词转化为可以感受的数量词，甚至进一步转化为和我们日常生活经验有联系的数量词。

当我们在讲述萨维尼和蒂堡那场关于制定德国统一民法典之必要性的世纪论战时，我们需要告诉听众，之前的德国四分五裂，迟迟没有形成统一的民族国家。

这段话放在书面表述里，没有任何问题。但在口语表述里，就有欠火候。

因为，"四分五裂"这个形容词只是你的主观感受和概括，而不是听众的直接认知，无法对听众的认知造成冲击。

因此，你需要做一次转化。

换作我，我会这样表述：在1871年德国第一次形成统一民族国家之前，在德国这块差不多相当于中国云南省面积大小的国土之上，竟然分裂成了1789个大小城邦。

你看，当你这样形容的时候，"四分五裂"这个词语所无法带给你的深刻感知就会永久地留在听众的记忆之中。

但是，还不够！这个信息还必须和人们的日常生活经验发生关联。

我可能会这样继续：这下你应该理解了，为什么我们在小时候所看的格林童话里，灰姑娘动辄就可以遇见白马王子，那是因为，他们至少有1789个王子。换到中国，可能也就相当于乡长的儿子而已。

讲到这里，相信很多听众都会会心一笑，对当时德国的分裂状况，并进而对制定统一民法典论战的时代背景有了更深刻的体认。

也许你不服气，这样不就是把理论庸俗化了吗？

你先不要这么极端，通俗化并不等于庸俗化。

不要以为，学术就只适合用佶屈聱牙的语言加以表述。

台湾地区学者林立在德国求学时，曾受业于专注于维特根斯坦研究的 Anselm Winfried Muller 教授。Muller 教授一再要求自己的学生在写学术论文的时候必须如维特根斯坦一样，使用具体、明白的日常生活语言，要特别注意多举例子，段落编排要清晰分明，而绝不可以使用抽象晦涩的文字。

林立教授正是在这种表达风格的指导下写出了对德沃金、波斯纳等法理学大师的研究专著。这些著作读来不但晓畅明白，而且多有让人拍案之处。

所以，如果你要训练表达力，万不可依照论文结构，仅仅通过加入一些语气词来完成口语化的改造。

而是应该直接凭记忆口述文章大意，然后逐字整理成稿，最后再在此基础上润色成文。

在这样做的过程中，你会发现，书面语言的很多东西一旦还原成口语，往往就会变得没有任何价值。

我经常运用这种方法来检验我的文章中哪些是庸俗的论证，以此完成论文的去淤化处理。

这是一封关乎表达能力的通信。

总结一下，我所说的口语表达，就是要求你们做到"能听懂、可复述、好传播"。

但是，我也必须强调，这封信里所说的道理，并不能直接应用于学术研究的论文撰写。书面表达要遵循的是另一套完全不同的逻辑，关于这一点，我们有机会可以再聊。

47 追求结构的力量

> 文章,首重角度,次重结构,最后,才是观点。所以,在写作过程中,最难的并非提炼我们的创新观点,而是锤炼我们的论证结构。只有平庸之辈才会耗尽精力于理论细节,唯有学术大师方会花费心血于体系构建。

少文老师:

我平时挺喜欢看书的,正好老师要求这学期以撰写课程论文的方式考核,我前前后后花了大概两个月的时间,把自己的一些零散想法写成了论文,但老师拿到手上只看了两眼,就说我的文章没有什么价值。我在文章里提出了很多创见,他连看都没看,就作出如此草率的评价,我很不服气。但老师说,如果我不能锤炼我的论文结构,观点再新颖也难登大雅之堂。我不理解他的话,少文老师,您能给我解释一下吗?

——夏树

夏树同学：

你好。

我之前已经聊过观察力、提问力和表达力，借你这封信，我正好谈谈关于写作力的看法。

在柴静的《看见》一书中，曾经记载了她和央视著名制片人陈虻之间的一段往事：[1]

有一次，柴静去做一次调查，好不容易对方接受了采访，柴静通过各种问话技巧，终于使对方在镜头面前承认了自己的所作所为。

柴静为此非常兴奋，跑到陈虻面前炫耀。

但是，陈虻的反应却给了她当头一棒。陈虻说："把他那句话删掉！"

柴静愣了。

陈虻接着解释："不是说你把采访对象不愿意说的一句话套出来叫厉害，把他和你都置于风险之中，这不叫力量。要是拿掉你这句话，你还有什么？"

我想，你的老师要向你传达的，应该就是这层意思。

你引以为傲的观点，隐藏在无尽的文字海洋中，随时有被淹没的风险。

如果你不会用一种结构，去建构观点之间的连接，并在这种连接中去呈现一种深刻，那么，这种观点，其实也就没什么价值。

用陈虻的话来说，就是，"你的主题要蕴含在结构里，不要蕴含在只言片语里，要追求整个结构的力量"。

---

[1] 参见柴静：《看见》，广西师范大学出版社2013年版。

如果他始终不承认自己的所作所为，能不能让观众听完访谈内容后，也能得知事情的真相？

采访如此。写作，也是同理。

要追求结构的力量。

我曾经一度以为，王朔是幽默大师。

因为他随便一句话，都能让人忍俊不禁。

但是，后来看了《我不是潘金莲》，才知道，刘震云才是真正的幽默大师。

小说只有三章。

第一章，序言：那一年。

第二章，序言：二十年后。

第三章，正文：玩呢。

序言的主角是李雪莲。

正文的主角是县长，当年因李雪莲告状而被免职。

序言比重极大，占了全书大部分篇幅。

而正文篇幅极小，区区几千字而已。

正文中被免职的县长老史，去东北奔丧后，因赶上年关买不到回程的车票，灵机一动，在报纸上写了一个大大的"冤"字，结果立即被警察遣返回家。和序言中李雪莲的上访形成了一个荒诞而有讽刺的对比。

还没有开始阅读，只是这个结构，就已经让读者玩味再三。

你说，在这本小说里，究竟谁才是真正的主角？

李雪莲，其实是个配角，而真正的主角，是中国的官场。

全书没有一句搞笑的台词，但整个小说的结构就是高级幽默。

还有杨绛的《我们仨》,也是结构的典范。

全书也分三部分。

第一部分,我们俩老了。

第二部分,我们仨失散了。

第三部分,我一个人思念我们仨。

文字平淡,却因为结构的对比,让人仅看标题,就已泪目。

文章,首重角度,次重结构,最后,才是观点。

只有那种开拓了一个崭新研究领域的文章,才是可以不用考究论证结构的,因为读者关于这一领域的认知水平几乎为零,作者完全可以按照教科书式的体例,来铺陈有关这一论题的所有信息和知识。

例如,对于"法不禁止即自由"这一命题,学界竟然从未有人对其进行过学理解读。那么,这一主题的研究就完全可以四平八稳地组织架构论证。

例如,易军教授就是这样来安排论文结构的:

第一部分,法不禁止即自由的真正意蕴。

第二部分,法不禁止即自由的内在机理。

第三部分,法不禁止即自由的实践价值。

第四部分,法不禁止即自由的局限性之一 —— 微观视角。

第五部分,法不禁止即自由的局限性之二 —— 宏观视角。

你看,这个结构是不是太过平常,以至于没有什么亮点？

但是，作为这个论题的开山之作，这样写不但没有任何问题，反而可以发表在《中国社会科学》这样的顶尖杂志上。

然而，一旦这个领域已经有了开创性的研究，再这样来组织论证结构，就必然不可能获得足够的关注。

例如，非法证据排除规则，这个已经几乎被研究滥了的话题，如果我们还是按照"非法证据排除规则概述""非法证据排除规则的构成要素""非法证据排除规则的比较法考察""非法证据排除规则的制度缺陷与完善"这样的结构来组织论证，就算你有再精彩的观点，也不可能引起人们的关注。

对于这样的传统论题，如果我们还想继续研究，就必须找到自己独特的研究视角，而且要让这种视角和观点在论证结构中得到呈现。

例如，刘忠教授就独辟蹊径，以违法取证被发现的概率为视角切入，从而安排了一个让人耳目一新的论证结构：

第一部分，从一元制裁到二元制裁。

第二部分，可能的方向。

第三部分，概率如何提高。

第四部分，低识别概率下的程序性制裁。

这种结构让他文章的创见得以直接进入人们的视线。违法取证行为在实践中被发现的概率非常之低，在这种信息不充分的背景下，二元制裁体系中的程序性制裁的效果就要远远弱于实体性制裁的效果。对于非法证据排除规则的诸种改革建议,必须重视低识别概率这一现实约束条件,因而应当致力于提高程序违法的识别概率。这一观点让人耳目一新,信息得到了最有效的传播。

所以,在写作过程中,最难的并非提炼我们的创新观点,而是锤炼我们的论证结构。

只有平庸之辈才会耗尽精力于理论细节,唯有学术大师方会花费心血于体系构建。

在写作时,也不可直接陷入对细节的迷恋,而应首先致力于对结构的锤炼,追求结构的力量。

共勉。

48　网络是正义的最后一道防线?

> 我可以保证自己不去偷窃,但不能保证自己不会被盗;我可以保证自己不去撞人,但不能保证自己不会被撞。如果我们不去保护被害人的人权,将来被害的那个人更可能是你。言论自由不被限制的后果,就不是思想市场的自由竞争,而是情绪市场的垄断经营。不要让网络成为社会正义的最后一道防线。

少文老师:

前些天网络上都在讨论"江歌案"中江歌母亲发动"网络暴力"声讨刘鑫的事件。很多同学都认为,刘鑫不论做错了什么,她也有隐私权,这种网络暴力是一种违法行为。无论出于什么原因,江歌母亲都不应该采取这种手段来达到自己的目的。少文老师,我个人觉得,换了是我,可能我会比江歌母亲激动得多,她已经很克制了。但是,我这种观点却遭到了同学的批评,说我没有法律思维,只是站在江歌母亲这一个角度思考问题。我也说不过他们,但还是坚持自己的看法。所以想和您聊聊。

——静子

静子同学：

你好。

法律层面，你的同学说的没错。

这种做法的确不对。鉴于其中的法律问题相对简单，我就不去重复已有的意见。

我也不想谴责任何一方，因为这并不符合我对自己公开言论的定位和要求。

我只是想谈一谈关于这件事情另外一个角度的思考。

我关心的是：究竟是什么原因把"江歌案"推演成一起"刘鑫事件"，并演变成一场"网络暴力"？

我想推荐一本书，北京大学出版社出版的《与手枪的不幸相遇：日本司法物语》。

在这本书的第十二章"为了那些再也回不来的亲人"，专门谈了日本刑事司法中被害人权利保护的问题。

曾任第一东京律师会会长、日本辩护律师联合会副会长之职的冈村律师，曾经兼任数十家企业的法律顾问，因为坚决拒绝一位名叫西田的男子对某公司的无理经济要求，被怀恨在心的西田蓄意报复。

1997年10月的一天，趁冈村律师外出之时，西田伪装成快递员，进入其家中，残忍地杀害了他的妻子。

由此，从事律师工作38年，当时已经68岁，曾经无数次作为被告辩护律师出庭的岗村律师，如今，第一次作为被害人家属坐上旁听席。

而此后发生的一切，彻底改变了他对日本刑事司法的态度。

他希望能够带着妻子的遗像出席法庭，但却被法庭严词拒绝。

他希望知悉有关案件的进展，却没有任何渠道可以满足他的这一需求，反而只能通过媒体的报道才能获得一些片段的信息。

甚至，因为担心调查报告受到案发后混乱和错误想法的影响，希望确认一下警方调查报告和检方报告的申请，也未能如愿。

审判日期的确定也根本没有征求他的意见，如果他当天有事，就只能错过这个唯一的听审机会。

他向法院申请阅览、复印庭审记录，却以被害人在法律上没有这项权利而被拒绝，而被告人却当然地享有这一权利。

甚至，在法庭上，当被告人信口雌黄，肆意侮辱死者的时候，被害人家属也只能强忍悲愤，听任被告混淆视听而无能为力，以防止被驱逐出法庭，从而丧失听审的机会。

更可怕的，是日本刑法普遍轻刑化，虽然立法中保留了死刑，但在实践中适用的数量却少之又少。

1983年，日本最高法院公布过一个对于死刑量刑考虑的标准，名为"永山基准"，其中，被害者数量是一个非常重要的权衡因素。

在故意杀人案件中，被害人达到 3 人以上，则被判死刑概率较高；而如果只是 1 人致死，则很大程度上不会被判处死刑。

在日本司法史上，曾经发生过一个 18 岁少年杀害一对年轻母女的惨案，幸存的丈夫甚至希望在宣判前结束自己的生命，以凑够死者人数，来提高对这位少年判处死刑的概率。

这个故事，后来被一位毕业于日本中央大学法学系，后来成为日本著名记者和作家的门田隆将，写成了一部纪实作品：《与绝望抗争：寻求正义的 3300 个日夜》。

作品中的主人公，用了整整 9 年的时间，终于让杀害自己妻女的凶手被判死刑。

目光回到冈村。

你知道吗？尽管日本历史上判处死刑的数量极少，但是，在冈村妻子被害案宣判后 4 天，居然有 3 名罪犯被执行了死刑。

如果你进一步了解背后的真相，一定会对被害人的地位抱有更大的同情。

这 3 个罪犯当初都因为杀人而被判处了无期徒刑，但是在假释出狱期间——你要知道，根据日本当时的刑法，一个被判处无期徒刑的罪犯，居然只用服刑 7 年就可以假释出狱——再次犯下杀人罪，而其中一起，就是针对当初指控自己的被害人和证人。

你看，作为被害人，在被犯罪侵害和被诉讼程序侵害的时候，有多么无助和绝望。

所以，门田隆将的这本书才取名为：与绝望抗争。

回到开篇那个问题：究竟是一种什么样的制度原因，把江歌妈妈的愤怒引到了网上？如果日本，甚至是我们的刑事司法制度能够在程序内给予被害人更多的关照和心理重建的机会，会不会情况就不会发展到今天这样的地步？

不知道你有没有看过美国电影《绿里奇迹》。

导演就是拍出《肖申克的救赎》的那位弗兰克·德拉邦特。

在仍然保留死刑的路易斯安那州州立监狱，每次执行死刑，都会允许受害者家属现场观刑。

不要以为这是过去的事情，直到现在，美国一些州在经过犯人同意之后，仍然会为受害者家属安排观看死刑执行的过程。

这不是呼唤"以眼还眼、以牙还牙"的残暴，而是即便在一个极度保障被告人权利的国度，他们也意识到，必须给予被害人在刑事诉讼程序过程中心理重建的机会。否则，这股怒火就会引向街头，甚或网络。

我并不认为，我们也应该同样引入观刑制度，但是，如果没有观刑制度，我们要依靠什么别的制度来完成对被害人家属——像江歌母亲——的心理重建？

不要告诉我，她就应该老老实实地待在家里等判决，就应该克制自己、注意和刘鑫的说话分寸，就应该和我们一样保持冷静：理性、理性、再理性！

那么，我只能说，你是个优秀的法律人，可是已经没有了人的正常思维。

也不要说我没有法律思维，凭什么我们都是法律人，你的才是法律思维，而我的，就不是？

可以毫不夸张地说，如果制度建设和道德建设仍然缺位，汹涌而来的网络暴力和人肉搜索就不会消失。

别让网络，成为社会正义的最后一道防线。

在这起"江歌案"中，诉讼制度可能并没有给江歌妈妈提供心理重建的机会。

同样，在后来的"刘鑫事件"中，刘鑫家人也没有给江歌妈妈心理重建的机会。

所以，后来的网络签名，就成了心理重建的一种制度替代。

她心里即便知道，征集再多签名，也不符合死亡3人的死刑判决标准；即便知道，再多中国人的签名，也无法影响日本的独立判决；她也会继续坚持下去。

从网民的支持中，她获得的，是一次迟到的心理重建。而本来，这个功能，应该由诉讼制度和刘鑫一家来满足和提供。

被害人需要的，不是刘鑫生不如死；她要的，只是一次心理重建。

如果两个受害家庭能够在第一时间见面，刘鑫能够第一时间抱住江歌的母亲喊上一句"妈妈"，也许，事情就不会发展到今天这样的地步。

其实他们本来，同病相怜。

但是，她的确不应该沉浸在这种心理需求之中。

我特别特别希望，江歌的母亲能够看到这封信，我希望让她明白，她的心理重建还可以导向另外一个方向。

和她一样承受着失去亲人痛苦的岗村律师，最终没有以沉沦和痛苦来度过自己的余生，而是把人生的重心放在了推动受害者权益保护的运动上来。

1999年，他通过各种方式联系到了和自己有着类似悲惨遭遇的被害人和被害人家属，一起筹备、发起并成立了"犯罪受害者协会"。

曾经一度想要自杀的他，终于找到了人生新的意义。

在一路奔走呼号的过程中，他实现了自我救赎和心理重建。

最终，他们赢得了全日本社会的关注和日本国民的支持：2000年通过了《犯罪受害者保护法》，2007年通过了刑事诉讼法受害者参加制度的修正案。

江歌母亲可能没有想到的是，正是因为之前这位同样身为受害者家属的岗村律师的努力，她才得以享受阅览案卷材料的权利。

或许，岗村的故事，可以成为她新的希望支柱。

当然，我无法假设，在现有的环境之下，在回国后，为了避免更多无助的母亲遇到类似的遭遇，江妈妈将余生投入这项事业能够取得什么样的成绩。

但至少在我看来，这是在制度和社会欠江歌母亲一个心理重建机会的时候，作为个体，不得不做的一次自我救赎。

否则，人生漫漫，谁来相伴？

很多人在听到我的这番言论后，可能并不会认同。

因为他们要提倡的，仍然首先是被告人陈世锋的人权，以及刘鑫的人权。

我们第一天进入法学院课堂，就可能听过这样的教育："如果你今天不去保护被告人人权，将来被告的那个人可能就是你。"

这句话当然没错，但是，如果用这种思维推演下去的话，我也想说一句：今天，如果我们不去保护被害人的人权，将来被害的那个人更可能是你。

稍有生活经验的人都会作出这样一个判断：我们这一生，是成为一个被告人的可能性更大，还是成为一个被害人的可能性更大？我可以保证自己不去偷窃，但不能保证自己不会被盗；我可以保证自己不去撞人，但不能保证自己不会被撞。

也许，是时候反思那个单纯强调被告人人权保障的刑事司法了，如英国司法改革的那句口号所言：我们要实现的，是所有人的正义！

如果我们还不着手修正已经有失偏颇的刑事司法体系，网络，就必然会一次次地替代司法，成为社会正义的最后一道防线。

舆论暴力，就会一次次地取代理性裁判。

言论自由不被限制的后果，就不是思想市场的自由竞争，而是情绪市场的垄断经营。

不要让网络成为社会正义的最后一道防线。

49　什么才是有效的论证？

> 为什么"三个有利于"不是有效论证,因为科学研究最重要的标志,就是论证过程的可证伪性。换句话说,就是可以在经验层面进行验证和讨论。可是,一旦诉诸"尊严""人权""正义"这些抽象的大词,我根本无法反对,因而无法对你的论证进行证伪,所以,你的文章就成了一种意识形态的宣讲,而非一种科学论证。

少文老师:

您上课时提到写论文的方法,我发现您特别反对用"有利于人权保障""有利于法制进步""有利于社会治理"这样的语言,您还说,这根本就不构成论证。我很想请您展开说一下,为什么这些语言不是论证?真正有效的论证又是什么样的呢?

——简素

简素同学：

你好。

为什么"三个有利于"不是有效论证，因为科学研究最重要的标志，就是论证过程的可证伪性。

换句话说，就是可以在经验层面进行验证和讨论。

可是，一旦诉诸"尊严""人权""正义"这些抽象的大词，我根本无法反对，因而无法对你的论证进行证伪，所以，你的文章就成了一种意识形态的宣讲，而非一种科学论证。

为了让你的论证具有可证伪性，从而构成有效论证，有几种常见的方法，供你参考。

第一，把价值问题转化为事实问题。

例如，在美国20世纪六七十年代非常盛行的有关程序正义的研究，就经常诉诸"尊严""人权""正义"这些大词。可以说，这些文章怎么写都是正确的，因为这些人类社会的基本价值观念，几乎已经成了一种政治正确，因此，在这个层面几乎很难展开有效的学术对话。

那这种问题是否也能进行客观化研究呢？

当然可以。虽然这些观念本身是主观的，但是一旦当它们演变成一种社会思潮，就是一种客观存在了。它们就具有了发生的背景、变化的规律、成立的条件等客观要素。

你看，把一个主观思想转化为客观思潮加以处理，不就是一种很好的论证策略吗？

又如，德国著名历史法学派创始人萨维尼，当年在和另一位法学家蒂堡辩论应不应该制定统一民法典的时候，就面临一个十分棘手的问题：如何处理仁者见仁、智者见智的"应然"问题?

最后,智慧的萨维尼在其著名的《论立法与法学的当代使命》一书中,就采取了一种将价值问题转化为事实问题的论述策略。

作者并没有直接探讨应不应该制定统一民法典,而是将论述重点放在了制定一部统一民法典所应具备的前提条件,以及德国是否具备了这样的前提条件的事实问题上,从而让自己的整个论证过程具有了坚实的事实基础。

这种论证策略在法哲学的经典著作里,更是不胜枚举。

例如,人们关于正义的定义总是莫衷一是,但是对于什么是不正义却往往能够达成惊人的共识,所以,陈瑞华教授指出:关于正义理论的最好研究,不是探讨正义,而是研究不正义。

同理,与其研究幸福,不如研究痛苦。

与其研究人权,不如研究侵权。

这些将研究对象客观化的方法,都是通过将价值问题转化为事实问题而达成的。

第二,事实问题的论证应该以数字而非语录说话。

很多学术论文都旁征博引,脚注文献动辄一百多个,但实际上,在我看来,有些研究也没有搞清楚究竟什么样的引用才构成有效的论证。

我们见到最多的,就是对一些经典著作的引证,其中绝大多数都是经典作家的只言片语。

但是,我们很少看到法学研究的论著中,出现对法律统计年鉴等各类年鉴的引用。

还比如，我曾经让学生们讨论刑事附带民事诉讼中应不应该赔偿死亡赔偿金的问题。结果，同学们普遍运用的论证策略都是，赔偿死亡赔偿金有利于被害人权利的保护，有利于和民事诉讼保持一致。

但是，这样论证，有说服力吗？

我给他们展示了另一种论证逻辑。

当一个"应然"的命题从正面论证的时候，很容易变成一种意识形态的宣讲，这个时候，就要考虑是不是可以从反面、从后果的角度去"算账"。

具体到这个问题上，我提出，如果刑事被告人为经济能力弱、没有赔偿能力的人，在这类案件中坚持按照民事审判的标准判赔死亡赔偿金或伤残赔偿金的话，往往会导致空判现象的发生。为了论证这一点，我举了最高人民法院大法官在一本著作里引用的两组数据：某中院2010年判决刑事附带民事案件35件，赔偿总额641万元，平均每件18万元，但是判决后赔偿到位率为零！即便是经济较为发达的南方某省，2006年到2010年，刑附民实际赔偿额也仅占判决赔偿额的9.2%，2008年甚至仅为2.1%。

是不是更有说服力？

不用我多说，你也能感觉到，什么才是有效的论证了吧？

你可能会说，并不是所有主观的价值问题都能转化为客观的事实问题啊，这个时候，我们又该如何进行论证呢？

其实情况并非如此。一个真正好的研究者，总是能够找到把价值问题客观化的方法。

就以最难的生命价值来说。人们普遍认为生命是无价的。但是,优秀的学者还是能够找到度量生命价值的方式。

例如,美国经济学家曼昆在《经济学原理》中就曾提出:"评价人的生命价值的一种较好方法是,观察要给一个人多少钱他才愿意从事有生命危险的工作。"[1]

著名作家、历史学者吴思在《血酬定律》中,计算出2002年到2003年中国煤矿工人年均死亡率约为3.98‰,煤矿工人用3.89‰的死亡率,换来了2578元的补偿。据此推算,2003年,中国煤炭工人的平均命价是66.27万元人民币,每个生命年价值1.67万元。

又如,我们经常说,一个东西好不好吃,是一种完全个人化的主观感受,一般来说,是不可能量化的。

但是,居然也有人找到了把好吃这一主观感受量化的方法。

按照他的设想,假设有两个邻近的摊位,分别售卖口味不同的热狗。好吃的热狗售价稍贵,难吃的热狗售价便宜。

研究者通过不断提高较为好吃的那家热狗的售价,来观察两边排队人数的变化,直到两边排队人数相等的时候,好吃热狗和难吃热狗的售价差,就是市场对"好吃"的定价。

你看,经济学之所以能够成为显学,不得不说,和它这种强大的把研究对象客观化的方法有密切的关系。对于法学这门特别强调规范性的学科而言,更要学会处理"应然"和"实然"互相转化的能力。

---

[1] 参见[美]曼昆:《经济学原理》,梁小民译,北京大学出版社2001年版。

第三,也是最为重要的一点,最好的论证,就是通过事实论证提出一个上位价值观,将本来对立的价值立场包容进来。

例如,在最近讨论非常热烈的监察委的问题上,对于究竟是否应该给留置设置严格的启动条件,学界和实务界各有不同的看法。

当学界以保护人权为理由要求严格限制条件时,实务界就会以严厉打击职务犯罪为由认为不应该限制过严。

两种价值的冲突,几乎不可能由辩论加以解决。

所以,必须想办法进行论证策略的转化。

一位著名教授是这样论证的。全国检察系统平均每年办理职务犯罪案件的数量是5万件,而监察委成立后,将原各办案机关办案数量相加并考虑到全覆盖的影响,合理估算的每年办案数量将为50万件。假设每起案件影响一个四口之家,每年直接受到留置措施影响的就有200万人,监察委运转10年后,就会累积2000万人的庞大数量。而如果我们不能很好地控制留置手段和其他办案手段的话,这些人对制度的评价就会大打折扣,甚至会成为政治和舆论安全的一个重大隐患。

你看,通过这笔经济账和政治账的计算,论者巧妙地绕开了人权保障还是犯罪控制的无谓争议,通过对方更为担心的社会治理问题吸纳了其原先关注的犯罪控制问题,从而实现了人权保障的制度诉求。

现在回过头来看,如果我们仅仅用一种"有利于人权保障"的逻辑来加以论证,你会不会觉得,这些,都是书生之见呢?

可是,听到了以上论证,你是否会有很不相同的感受?

什么才是有效的论证?我们有多少庸俗的理论研究?通过今天这封信,相信你应该有了初步的认识。

50　阴谋、阴谋论及理性怀疑派

> 所以，人们讨厌一个事物，一定要区分清楚，究竟是讨厌这个事物本身，还是仅仅讨厌我们给它贴上的标签。
>
> 有的时候，我们还会发明一些词语以便于讨厌。阴谋论就是。

少文老师：

最近发生的公共事件，再次引发了大批的网络谣言，阴谋论也甚嚣尘上，很多自媒体迎合网民心理，推波助澜，大量编发一些没有任何证据支持的猜测性文章，散布各种阴谋论谣言，我周围的很多同学特别爱阅读这类文章。不知道少文老师您怎么看待阴谋论这种认知方式？

——正梁

正梁同学：

你好。

你问我的看法，正好我对这种对待阴谋论的观点有话要说，如鲠在喉，不吐不快。

不过，在进入正式讨论之前，我们得明确一些前提作为共识基础，否则分享就会变成吵架，共识就会变成撕裂。

任何一场辩论，所采取的方式和规则，都要受制于论辩双方的知识背景和专业领域。专家之间的辩论，与外行之间的辩论，理应有不同的规则设置。

比如，如果双方都是转基因食品领域的专家，当然可以把自己的观点设置为"安全"和"不安全"两种立场，并分别论证、互相辩论。一旦有人不是专家，这种辩论就会出现严重失衡。非专业的人由于无法对独立观点提供专业论证，因而只能负责纯逻辑层面的论证检验。因此，专家负有对其独立观点的初始举证责任。如果双方均非专家，则要根据某种程序规则确定初始举证责任的分配。

在政策性辩论当中，这个初始责任非常好配置。因为维持现状不需要花费成本，而改变现状则要花费成本，所以主张政策变动的一方自然就应该承担证明责任，而对方只需要被动防守，指出对方的逻辑错误即可。

比如，1987年，服务于加拿大学园传道会的基督徒讲员韩那（Horner）先生，在香港中文大学和著名哲学讲师李天命进行了一场关于"相信上帝存在更合理吗"的辩论。

韩那先生作为专家，提出了"相信上帝存在更合理"

的六个证据，而作为非神学家的李天命，就恰当地选择了反方的理论根基，"我的目的不是去说服任何人认为上帝不存在……即便我的立论成立，也不是证明没有上帝。我只是要证明有神论不能在理性范围内被证明"。

以上，是我参与公共问题讨论的一个非常重要的前提性原则。

如果你能理解这个前提，我们首先就要来审视一番，假如我和反驳阴谋论的人展开一场讨论，它属于哪一种讨论类型？

很显然，这一次公共事件，你我都是外行，都不掌握足够的内部信息来作为讨论的基础，因此，我只需要从逻辑上指出反驳论的疏漏之处即可，而无须证明阴谋是否真的存在。

但是，今天我想跳出这起具体事件，在逻辑层面，系统梳理一下阴谋论这种认知方式，究竟有什么问题。

下面，我将系统地阐述我的看法。

首先，这个世界肯定存在着各种各样的阴谋。

这一点无须论证，近乎不言自明。

其次，既然世界上存在着各种阴谋，那么以阴谋论作为因果解释之一种，就并非全无道理。

所以，真正的问题，能否用阴谋论解释某个具体的事件，能否运用阴谋论这种认知方式来解释所有事件？

显然，我们应该反对的是后者。

但如果是对具体事件中阴谋论的具体否定，则必须结合相关证据和信息，作出具体分析。

纯然否定阴谋的存在，认为任何事情背后都不可能存在阴谋，就和认为任何事情背后都存在阴谋一样荒谬可笑。

举个真实存在的历史事件为例。

1932年到1972年，美国公共卫生部曾先后对400名有梅毒症的黑人公民做过一系列的实验，他们选择那些贫穷的非洲裔黑人男子，承诺为其提供免费就医的条件，实验目的竟然是观察梅毒对人体的危害，通过观察慢性病毒在黑人体内如何演变，然后对尸体进行解剖研究。这项研究隐瞒当事人达40年之久，结果，上百位病患因为这项研究付出了生命的代价，20世纪70年代，美国政府在东窗事发后下令彻查此事，才让这起丑闻大白于天下。

如果我们重新回到历史现场，如果当年有人曝出这起丑闻，相信很多人都会斥责其为典型的阴谋论思维方式，而不予理睬吧？

但这就是历史上真实存在过的，臭名昭著的塔斯基吉梅毒实验。

其实，很多阴谋论并非空穴来风，近年来，很多解密档案已经证明，各国特务情报机构策划过的更为惊人的阴谋的确存在，只是后来由于各种原因没有执行而已。甚至，很多国家还销毁了大量隐藏着秘密的档案资料，让很多阴谋从此不见天日。限于篇幅，我就不再赘述更多案例了。

我想说的是，抽象地否定阴谋论，实际上是在否定阴谋的存在。

如果反驳者是基于这样的理论逻辑，我觉得，其认知水平其实并没有超越阴谋论者。

但是，这是否就意味着我是阴谋论的支持者呢？

当然不是。

我开头就讲过，我反对反驳者，仅仅是因为他们的逻辑混乱，而并非因为阴谋论正确。误解了这一点，可能这封信你就不会继续阅读下去。

所以，接下来我要分析的是——阴谋论究竟错在哪里。

既然阴谋确实存在，那么，错就错在"论"！

对于具体事件是否是阴谋这样一个概率性的存在，以结论性的方式作为理解这个世界唯一的视角，甚至作为定论，这才是最有害的思维方式！

但是，如果我们只是以存在阴谋的可能性作为推理和收集证据的前提，这种思维方式最多是一种悲观主义的方法论，但绝不能认为是一种扭曲的变态认知模式。

所以，人们讨厌一个事物，一定要区分清楚，究竟是讨厌这个事物本身，还是仅仅讨厌我们给它贴上的标签。

有的时候，我们还会发明一些词语以便于讨厌。

阴谋论就是。

但，如果改成阴谋推定呢？是不是突然觉得是一种再正常不过的思维方式？那如果进一步改为理性怀疑论呢？是不是还有一种开辟了认知心理学研究领域的成就感？

我们需要冷静下来思考：我们否定的究竟是世界存在阴谋？还是某事定有阴谋的结论？还是某事可能存在阴谋的推定？

如果你理解了这一步，我们可以接着推理。

阴谋推定，就和刑事诉讼中的有罪推定一样，作为侦查阶段收集证据的思维指导，其实是没有问题的。

下面的分析至关重要，敲黑板。

谁可以进行阴谋推定？

不能以阴谋作为结论，而应以阴谋作为推定，其本质区别在于，会不会从阴谋出发，继续收集证据来证明或证伪阴谋的存在。这涉及收集和接触证据的可能。

而在诸多存在阴谋论的公共事件，尤其是国际事件当中，显然，散布阴谋论的人（如自媒体），根本就没有任何调查收集和接触该类证据的可能。

所以，这些人不能作为阴谋推定的主体。因而更不能散布未经确证的阴谋结论。

但是，仔细想想，作为国际组织，作为国家政府，对于所有有调查收集和接触证据可能的机构和个人，他们必须以极为谨慎严谨的态度，对待阴谋存在的任何一个点滴可能，否则可能就是外交、情报等工作的重大失误。

所以，讲到这里，我的思路已经有了比较完整的呈现。

世界上肯定存在着这样那样的阴谋，对于无法进一步收集和接触证据的普通百姓，不应做阴谋论的不负责任的谣言散播。而对于有权进一步收集和接触证据的国家机构，则应当对重大怀疑的事件作阴谋的推定，以收集证据并在此基础上作出信息充分的政策决策。

这种区分主体的思辨，才是对阴谋论的最好反驳。

在法国学者卡普费雷经典的《谣言——世界最古老的传媒》一书中，作者精辟地指出：对谣言的研究，正在从道德分析过渡到结构分析。人们已经不再满足于指责散播谣言的人在道德上的瑕疵，而是从社会结构等方面深入分析谣言产生的深层原因，从而标志着对谣言的研究真正进入了科学阶段。

但是，可惜的是，有关阴谋论的研究，不但在数量上远远不足，在质量上也仅仅停留在道德分析的阶段，人们仍然习惯于贬低持有阴谋论的人在认知模式上的低下状态，而鲜有对阴谋论产生和传播的结构分析。

一项有关阴谋论研究的综述显示，从事阴谋论研究的学者，多为心理学家，而鲜有政治学者，这一点似乎暗示，人们普遍认为，阴谋论者都是一些心理上存在特殊问题的患者，因而属于个体心理现象，而非社会集体症状。

在这个问题上，美国著名法学家桑斯坦写过一本书叫《阴谋论和其他危险的想法》，或可一读。

也正是在这个意义上，我说，我反对阴谋论，却支持相关部门的理性怀疑态度，但是，看到反驳阴谋论者的思维水平，我没有理由不更加担心。

要反对的是什么，靶子都没有找对。

反驳的理由，甚至和对方的逻辑一样粗陋脆弱。

希望我的回信没有增加新的误会。

祝好。正梁同学。

附录1：我为何选择成为一名法学教师？[1]

有人说，我的每根头发里都充满着智慧。我听了这句话以后就在想，这是在说我没有智慧，因为我是这样的发型。但是圣经里有一句话，上帝说要有光，于是有了我。（笑）

今天我想讲讲，我为什么会选择教师这个职业。我不知道大家有没有看过一部连续剧，叫《大明王朝》。里面有这样一段情节：朝廷重臣高翰文才高八斗、心系民生。朝廷派他到江浙一带去推行改稻为桑的国策。这个人痛恨官僚，但是一到江浙就陷入一场官场黑局，而无力挣扎。他就去拜访另外一位高官胡部堂。胡部堂和他并无深交，但却对他坦言相告：第一，你不该出来做官，你的才情只适合诗文风雅；第二，你应该在翰林院储才撰书，圣贤的书是用来读的，拿来办事则百无一用。两人可是第一次见面，但第一次就说得如此直白，可谓交浅言深，但说者无心听者有意。在电视机外的我和电视机里的高翰文，我想都有同样的感受。

人这一辈子，可能应该选择最适合自己做的工作。那我适合做什么呢？其实我最早特别喜欢做的就是主持人。我很向往能像28岁的白岩松一样，坐在一个又一个白发

[1] 作者在广州电视台《律政开讲》栏目所做的演讲文字稿。

苍苍的老者面前,用 8 分钟的时间浓缩每个人的人生精华。我觉得,如果有一种行业能让我每天经历不同的人生,能活出几万种生命,那我岂不是赚了?所以我像白岩松一样渴望年老。因此,我的长相和我的声音,都是奔着那个职业去的,(笑)这是我最初想做的职业。

而有一件事,彻底摧毁了我的梦想。

除了一流都是末流……

那是 2001 年的 9 月 11 日,两架飞机撞向纽约世贸大厦,两座大楼轰然倒塌,几千条生命瞬间消失。当时在研究生的宿舍里,客厅摆了一个黑白电视,我吃着午饭,看到电视机里传来的画面。可是在我心里,有两个反应:一个有感觉,一个没感觉。有感觉的是,好爽啊!你美国人也有今天。没感觉的是,我居然没有意识到,这是一个影响世界走向的国际大新闻,我觉得无非就是一件小事而已。

过了一段时间,我再反思自己当时的两个反应。几千条生命在我面前消失,我居然没有感觉,没有悲悯情怀。一件能影响世界走向的大事在我面前发生,两栋大楼倒塌,整个世界格局发生了如此重大的变化,我居然不认为那是一个大新闻?我没有职业敏感。

我突然意识到我没有成为一名优秀主持人所需要的情怀和技能。而如果一个职业所需要的情怀和技能我都缺乏,我怎能做到这个行业的一流?如果不能做这个行业的一流,我就宁愿放弃这个行业。因为在我心里，除了一流，都是末流。因为钱不是我这一生所追求的目标，我希望能够做一流的事业。这件事，摧毁了我的这个梦想。

还有第二件事，当我大二在电台兼职做主持人的时候，有一次，我接受了一个采访任务，要到学校旁边的一个派出所去，采访他们日常的工作。你们知道当时的司法环境，派出所碰到媒体来了以后，一定会热情地接待。我知道我是学校里面的学生，我必须去适应社会，所以，当天晚上的所有酒我都灌到了肚子里。当我有一瞬间抬起头的时候，我发现，我的眼镜框被我压弯了，可见我当时已经醉到什么程度了。可是没有人晃醒我，周围人仍然继续喝第二场。

当我再次苏醒的时候，我一睁眼，发现是一个高档的洗浴场所。走出洗浴城，已经是凌晨4点多钟，那是合肥当年降的第一场大雪。我没有地方去，因为学校的寝室还没有开门，我现在回去得爬上围墙，才能回到那个寒冷的宿舍，我没有选择回去。我向跟我同去的电台同事借了50块钱，我说我要找个地方待一会儿，我现在想吐，很难受。他给了我50块钱，说了一句话，"别忘了还我"。然后我找了一个通宵的录像厅，在里面又睡了一觉。到了6点多钟，我突然从内心里涌出来一种感受，我以后要过这样的生活吗？这真的是我喜欢的日子吗？回到寝室，我跟同学说帮我请个假，我要睡一上午。我记得很清楚，我当时对同学说了一句话，我说这一辈子我坚决不当公务员，我一定不去我不喜欢的地方，我宁愿回答学生一万个问题，也不向领导点一万次头。这两件事让我知道，我这一辈子不应该干什么。

我应该干什么呢？我再给大家讲个故事。我当上老师以后，经常在课堂上跟学生讲，你们要有职业道德。我有一个同事问我说："陈少文，你每次在课堂上都说，你们要有道德、有道德，我就不相信你真是一个正人君子。如果我带你去那种场所，你干不干那个事？"我想了半天，这个问题真的太难回答了。我说："我会和你一样。"他说："你别和我绕，我干，你干不干？"我说："我是个正常男人，你干我也干。""那不得了吗？你这个伪君子。"我说："是这样的，我知道我去了一定会干，所以我一定不会去那种场所。"他说："我要是跟你在一起喝醉了，带你去你会不去吗？"我说："很简单，我就不跟你喝醉。""你跟我在一起喝酒你会不喝醉吗？"我说："我就不跟你喝酒。""你跟我交朋友你会不跟我喝酒吗？"我说："那我就不交你这个朋友。"（笑）我控制不了最后的结果，难道不能控制过程吗？我控制不了过程，难道不能控制前提吗？

很多人说，人在江湖，身不由己。我就奇了怪了，你自己"扑通"一声跳到江湖里，然后说身不由己。我可以在这里对着镜头跟所有人说，我这一辈子不可能是个贪官，不是因为我不贪，而是因为我不是官。（笑）我的人生，我真的想控制前提。

如果你终将堕落……

所以，我选择了当老师，乐趣非常多，我碰到过很多很逗的学生。有一个学生,有一天给我发短信说:"陈老师,毕业十年了,你当年教过我的知识我全都还给你了,你看你什么时候把学费还给我?"(笑)我能还吗?也许,教育就是把我教给你的知识忘掉以后剩下的那个东西,那个东西你永远还不给我,我只要出售了以后就概不认账,我卖的是价值观,不退货。

第二个学生也很逗。我在北京集训班上,经常给学生签名,一签一两个小时。我从来不把自己当明星。因为,我觉得老师不是明星,老师就是价值观和知识的载体。你喜欢我,仅仅因为你喜欢我身上承载的那种人性的光泽。所以每人我都会送一句话,最常写的一句话是:"以积财富之心积学问、以求名利之心求道德。"那天有一个学生上来,旁边好多人围着,他让我签名,按照常规,我就写一句话送给他不就完了吗?可能他嘴欠,非要说一句话,这句话把我惹恼了,他说:"陈老师,一生当中,有两个陈老师对我影响最大,一个是陈少文,一个是陈冠希。"(笑)

跟学生相处的过程当中,没有那种勾心斗角,没有机关算尽,没有我所讨厌的一切。我看着学生,一点一点犯我当年的错误,我看着学生,一点一点走我当年的弯路,我真的想把我所有的人生经历,都告诉别人。你知道《论语》里有一句话,唯上智与下愚不可移也。优秀的学生和最坏的学生,都不是教育的结果。教育就是影响中间的这些在徘徊的、价值观没有定向的人。他听了你的课知道该怎么走,这才是教育的作用。如果你认为这个学校,最优秀的学生，是那个挣钱最多的学生，那么请问你，你学校被抓的那个被告，是不是你们教育的成果呢？所以我不主张每个老师，把最成功的学生当作自己的教育产品，在每个地方推销，学生是不是把你当作他一生价值观塑造的恩师，这才是关键。我宁愿关注这些群体，我也不追求深刻，我希望自己变得有趣。因为深刻只是发现了世界的本质，而有趣，却能改变世界的本质。你想要哪个呢？也许，我就给自己定位在一个布道者的角色。我觉得，也许这是我的宿命，尽管我有条件深刻。

我对教育有一条不满，就是我觉得法学课堂上，充满了口号，充满了空洞的理念。当年那个罗永浩，在学校里转了一圈，老师叫他们回去写一篇《五星红旗》的文章。每个同学的作文写的都是"五星红旗高高飘扬在校园上空"。可唯独罗永浩，那么小就很反叛，他非要说实话，他写的是，"五星红旗耷拉在校园上空"。（笑）老师非常恼火，说，"五星红旗自新中国成立以来，在作文里就从来没有耷拉过"。（笑）老师要求他必须重写，还把家长叫来，严厉地惩罚他，最后罗永浩作了妥协。他说可以改，改完以后，老师气得又吐血了。他怎么改的呢？"说来奇怪，尽管校园里没有风，可是五星红旗仍然高高飘扬在校园上空。"（大笑）

我们的法学院，不也是这样吗？每天都在不停地给你灌输这些大词，每个人都会喊公平、喊人权、喊正义。但是每个人却不会从法条里，推出公平，推出人权，推出正义。有一种职业道德的教育，是给你一个道德理想。因为每个人都做不到，所以每个人经过的时候，都没有感觉。但还有一种职业道德教育，是底线教育，因为每个人都做不到，所以经过的时候，都心灵不安。所以我们都喜欢"厚德载物"，而不喜欢"不做假账"。但是职业道德教育，不应该那样悬在空中，应该落实在工作的每一个细节里。

我经常带着我的学生，四处拜访律师，去感受他们代理案件的细节。我希望他们体验什么叫公平，什么叫保障人权，什么叫专业敬业。有一天我见到一个律师，他代理了一个案件：陕西有一个人，涉嫌故意杀人。几级法院审理之后，被核准死刑，次日10点多钟，就要被执行枪决。按照委托代理协议，这个律师其实已经可以向家属交代，我已经尽力了，但是你知道他做了什么吗？当他接到执行死刑的通知书时，立即买了一张当天晚上赶往北京的火车票。然后上了这列火车，在凌晨的时候，到了北京西客站，打了个车，直奔最高院。但最高院的门卫拦着他，不让他进去，他想尽了各种办法，冲了进去。终于找到一个刑庭副庭长，简单说明来由。可这个时候，离枪决只剩不到半个小时。那个庭长认真听他讲完以后，辗转打了无数电话，终于拨通了现场执行法官的手机。而这个时候，离执行死刑，只有4分钟的时间，这就是著名的"枪下留人案"。我经常讲这个例子，来问同学们，如果你是这个律师，死刑结果下来，第二天就要执行，你还会去买张火车票，拿起背包就走吗？如果火车票被售卖一空，你还能登上北上的列车吗？如果火车晚点了，你还能准时到达北京吗？如果那个庭长见怪不怪，不愿意听你的讲述，还能暂停执行死刑吗？如果终于拨通了刑场电话，可是手机信号不好，那条命又在哪里呢？哪一个环节出了问题，这条命就没了。什么工作都直接和人命相关，每次我讲完这个故事，学生心灵都会受到强烈的震撼。

所以，在我看来，教育不是万能的，教育的作用无非就是，推迟每个年轻人被社会同化的时间。如果有一天，你终将变质，听了我的课能晚一天变质，如果你终将堕落，听了我的课能够晚一天堕落，这就是教育的作用。

后来，我又办了一个网上的公益平台。在这个平台上，当年，为了让年轻的律师能够勇敢地走向刑事辩护，能够弥补中国法治的短板，我们在网上做了四百多场的免费讲座，那时候的讲座还不像现在，当时，几乎只有在这里，才能听到免费讲座。而据我所知，今天你们的书友当中，就有当年日知社千人青年刑辩人才计划的学员。今天我得到一个非常好的消息，就是这位黄律师，他告诉我，听了日知社的免费课程以后，他兑现了当年对我的承诺，我不要你交学费，你必须用这一辈子的法律援助，来交你欠我的学费。他今天告诉我，他的法律援助对象，有两个被判了无罪。我非常的开心。我觉得，当你的脚印踩在每个人的心上，当你的脚印踩在中国法治建设的大趋势当中，远比我个人写几篇论文、著作等身推动意义要大。别的我不知道，在我的学科里，学术研究的意义是有限的。就相当于给了你一个天花板，让你去研究天文，很多时候我们是把灯泡当太阳来研究。我其实能做，但是我更希望的是做那些，这个行业少了我一个就少，而不想去做那些多我一个不多的事情。我很开心，你们帮我完成了我自己没有完成的使命。

当然,我们去追梦的过程中,也不是那么圆满顺利的。

快乐高于责任……

有一次,我在一个律师事务所讲课,中途休息时,有一个学生突然上来,还没讲话就已经哭了。他说,老师,做公益太辛苦了,家人不理解,收入又低。我问了他一句话,我说,你不快乐了吗?我说,辞职,去挣钱。他说:"老师,这不是你当初教我的啊!……你让我去承担责任。"我说,对,但当年那句话,你还记得吗?——快乐高于责任。没有任何人希望从一个哭泣的人手里,接过你捐赠给他的钱。你告诉他,这是你一辈子含辛茹苦省的钱,供他上大学,没有人愿意承受这么沉重的捐助。你应该比他更开心,施比受更有福,你应该鞠躬鞠得比他更深。如果你不快乐了,世界上没有人需要你承担责任,你一定要知道,做好事的时候,千万别把自己当救世主。你要快乐,你只有快乐,才是最大的公益,让别人看到公益人的心态,公益人的生存状态。我觉得快乐比责任更重要。

我觉得,人类社会是需要一些价值观推着我们前进的。没有这些,人又何以为人呢?因为人死之后,什么东西都会归于尘土。你能留给世界的,无非就是那些真正的不动产。

有一部片子,你们可能不知道,叫《自由作家》,今天我强烈推荐给大家。

1991年3月,在美国发生了一起4个白人警察枪杀

1名黑人的事件。次年4月,陪审团宣布警察无罪,当即开释,引起了全美暴动。当时的骚乱导致50多人死亡,几百人受伤,17400人被捕。

正是这个事件发生以后,一个叫艾恩的老师,走进了一个社区学校。这个社区学校,就是美国那些弱势群体、亚裔和非裔的后代组成的社区。她在课堂上和学生见面的第一句话,是这样说的:"我的父亲是民权运动的参与者,他一直希望我做一个律师,希望我在法庭上为黑人辩护。但是我想告诉你们的是,如果我作为律师,在法庭上为黑人辩护的时候,这场战争我们已经输了。所以我到学校来应聘,我希望能够提前见到你们。"所以她在课堂上,不停地讲世界的美好。但是学生当时,给了她一个下马威。你不要跟我讲这些,你根本不知道,我们将来会面临些什么,我们将有一个你根本不了解的世界在等待着我们。

但是,这个自由作家,最终还是改变了这群黑人的命运。也希望你们将来能够像我一样,带着这样的光芒,去辐射身边的人。

我的梦想不是贺卫方,也不是田文昌,我的梦想,是鬼谷子和风清扬。我并不出山,但我的学生苏秦、张仪,却配六国相印。我并不想一统江湖,可我的学生令狐冲,却是江湖人心所向。

所以我不做律师,请用你们的成功,为我的人生加冕……

附录 2：参考书目

―――――――――――――――――――― 中 文 著 作

1. 陈梧桐：
《明史十讲》，中华书局 2016 年版。
2. 刘震云：
《我不是潘金莲》，长江文艺出版社 2016 年版。
3. 熊秉元：
《效益的源泉——捕捉生活中的经济学身影》，东方出版社 2016 年版。
4. 黄仁宇：
《万历十五年》，生活·读书·新知三联书店 2015 年版。
5. 冯友兰：
《中国哲学简史》，中华书局 2015 年版。
6. 陆建德：
《思想背后的利益》，中信出版社 2015 年版。
7. 林海：
《萨维尼从巴黎来的信》，法律出版社 2015 年版。

8. 刘小枫：
《谁来教育老师》，蒋鹏译，华夏出版社2015年版。

9. 金观涛、刘青峰：
《中国思想史十讲》，法律出版社2015年版。

10. 阮子文：
《律师非讼业务的专题讲座》，北京大学出版社2015年版。

11. 柴静：
《看见》，广西师范大学出版社2013年版。

12. 徐皓峰：
《刀与星辰——徐皓峰影评集》，世界图书出版公司2012年版。

13. 陈瑞华：
《程序正义理论》，中国法制出版社2010年版。

14. 杨伯峻：
《论语译注》，中华书局2009年版。

15. 赵林：
《西方哲学史讲演录》，高等教育出版社2009年版。

16. 徐震宇：
《自由的缔造者——无地王约翰、反叛贵族与大宪章的诞生》，中国法制出版社2009年版。

17. 张扬：
《我与〈第二次握手〉》，中共党史出版社2006年版。

18. 林立：
《波斯纳与法律经济分析》，上海三联书店2005年版。

19. 苏立群：
《傅雷别传》，生活·读书·新知三联书店2002年版。

20. 余杰：
《香草山》，长江文艺出版社2002年版。
21. 林立：
《法学方法论与德沃金》，中国政法大学出版社2002年版。
22. 钱乘旦、许洁明：
《英国通史》，上海社会科学院出版社2002年版。

―――――――――――――――――――― 国外译著

1. [美]J.J.艾布拉姆斯、[美]道格·道斯特：
《忒修斯之船》，颜湘如译，中信出版社2016年版。
2. [美]埃里希·佛洛姆：
《逃避自由》，刘宗为译，木马文化出版社2015年版。
3. [美]史蒂芬·奈菲、[美]格雷高里·怀特·史密斯：
《梵高传》，沈语冰译，译林出版社2015年版。
4. [美]艾伦·德肖维茨：
《致年轻律师的信》，单波译，法律出版社2014版。
5. [美]伊曼纽尔·沃勒斯坦：
《现代世界体系》，郭方等译，社会科学文献出版社2013年版。
6. [美]布莱恩·费根：
《小冰河时代——气候如何改变历史》，苏静涛译，浙江大学出版社2013年版。
7. [美]彼得·萨伯：
《洞穴奇案》，陈福勇等译，生活·读书·新知三联书店

2012年版。

8. [美]费正清：

《剑桥中国史》，杨品泉译，中国社会科学出版社2012年版。

9. [德]马克斯·韦伯：

《新教伦理与资本主义精神》，龙婧译，安徽人民出版社2012年版。

10. [美]N. 格里高利·曼昆：

《经济学原理》，梁小民译，北京大学出版社2009年版。

11. [美]尼尔·弗格森：

《货币崛起——金融资本如何改变世界历史及其未来之路》，杜默译，麦田出版社2009年版。

12. [美]赫伯特·马尔库塞：

《单向度的人——发达工业社会意识形态研究》，刘继译，上海译文出版社2006年版。

13. [美]贾雷德·戴蒙德：

《枪炮、病菌与钢铁——人类社会的命运》，谢延光译，上海译文出版社2006年版。

14. [美]理查德·扎克斯：

《西方文明的另类历史》，李斯译，海南出版社2002年版。

15. [美]唐纳德·布莱克：

《法律的运作行为》，唐越等译，中国政法大学出版社1994年版。

16. [美]卡尔·奥古斯特·魏特夫：

《东方专制主义——对于极权力量的比较研究》，徐式谷译，中国社会科学出版社1989年版。

17. [德]汉娜·阿伦特：

《极权主义的起源》,林骧华译,生活·读书·新知三联书店 2008 年版。

18. [德]维尔纳·桑巴特:
《奢侈与资本主义》,王燕平等译,上海人民出版社 2005 年版。

19. [德]弗里德里希·卡尔·冯·萨维尼:
《论立法和法学的当代使命》,许章润译,中国法制出版社 2001 年版。

20. [德]英戈·穆勒:
《恐怖的法官——纳粹时期的司法》,王勇译,中国政法大学出版社 2000 年版。

21. [德]黑格尔:
《法哲学原理》,范扬译,商务印书馆 1961 年版。

22. [英]丹·琼斯:
《金雀花王朝——缔造英格兰的武士国王与王后们》,陆大鹏译,社会科学文献出版社 2015 年版。

23. [英]以赛亚·伯林:
《以赛亚·伯林书信集》,陈小慰等译,译林出版社 2012 年版。

24. [英]达尔文:
《人类的由来》,潘光旦等译,商务印书馆 2009 年版。

25. [英]杰里米·边沁:
《政府片论》,沈叔平译,商务印书馆 1997 年版。

26. [英]达尔文:
《人类的由来及性选择》,叶笃庄等译,科学出版社 1984 年版。

27. [法]弗朗索瓦兹·巴尔伯·嘎尔：

《读懂印象派》，王文佳译，北京美术摄影出版社2014年版。

28. [法]皮埃尔·布迪厄：

《实践感》，蒋梓骅译，译林出版社2012年版。

29. [法]弗朗索瓦·傅勒：

《思考法国大革命》，孟明译，生活·读书·新知三联书店2005年版。

30. [法]米歇尔·福柯：

《必须保卫社会》，钱翰译，上海人民出版社1999年版。

31. [法]托克维尔：

《旧制度与大革命》，冯棠译，商务印书馆1992年版。

32. [日]夏树静子：

《与手枪的不幸相遇——日本司法物语》，李昊译，北京大学出版社2017年版。

33. [日]门田隆将：

《与绝望抗争——寻求正义的3300个日夜》，许金玉译，北京大学出版社2014年版。

34. [古罗马]西塞罗：

《有节制的生活》，刘勃译，华夏出版社2014年版。

35. [瑞士]许靖华：

《气候创造历史》，甘锡安译，联经出版事业股份有限公司2012年版。

36. [澳]约翰·赫斯特：

《你一定爱读的极简欧洲史》，席玉苹译，广西师范大学出版社2011年。

后记：创作书本与制作人格

人到四十，是个分水岭。

是自身，灵与肉的分野。

也是外在，"我"与"我们"的告别。

四十过后，有人继续在事业的道路上狂飙突进，有人则在精神的旷野中常乐我净。

想明白的，不想明白的，到这个岁数基本都有了自己的天地。

能自洽的，都不想突围了。

不去拼杀，却反爱和年轻人聊天，不知道算不算一种中年病。

并未不惑，却已在帮人解惑。

而且，还要事后回忆，伸拉篇幅，敷缀成文，其实，目的已不在为人，思想的每一次清理，都是为了自己。

如果没有这些问题，我也不知道，这漫长的一生，我都感悟了些什么。

"少年的时光就是晃，用大把的时间彷徨，用仅有的几个瞬间来成长。"

这本书里的每一封信，都是你我生命中这样的一个瞬间。

我视这些感悟为我一生最重要的创作。

年逾七旬的社会心理学教授莫里在1994年罹患肌萎缩性侧索硬化，自知时日无多的他，每周二都会在家中和自己的得意门生米奇·阿尔博姆相约见面，连续14周不间断地探讨死亡、家庭、婚姻、衰老、金钱等人生课题。在莫里辞世后，学生米奇把这段特殊的经历写成了自传式长篇纪实小说《相约星期二》。

大学期间，我就看过这本书，永远记得，书中的文字，像是一个时代对另一个时代的嘱托。

莫里希望学生有空时能去墓地继续提问。学生说，我会去，但永远听不到你的回答了。

莫里说：到时候，你说，我听。

"所有的问题，我都已经做过提示，余下的答案需要你自己寻找，这是课外作业。"

近日晨读，看到法国作家蒙田在《致读者》一文中的一段话：

"我们的责任不是创作书本，而是制作人格；我们要赢得的，不是战役和疆土，而是行为的秩序与安宁。我们伟大而荣耀的杰作是一种合宜的生活方式。"

每次落笔回信，我都会想起莫里的故事和蒙田的话语。

"我们的责任，不是创作书本，而是制作人格。"

我已经交付了课本，剩下的，就是大家的课外作业了。

阅读结束后，希望大家已经有了自己解题的能力，并找到合宜的生活。

陈少文
2020 年 6 月 18 日
江城如释书房

图书在版编目（CIP）数据

写给年轻法律人的信 / 陈少文著. —北京：中国民主法制出版社,2022.8
ISBN 978-7-5162-2895-1

Ⅰ.①写… Ⅱ.①陈… Ⅲ.①法律—文集
Ⅳ.①D926.17-49

中国版本图书馆CIP数据核字(2022)第147349号

图书出品人：刘海涛
图 书 策 划：麦　读
责 任 编 辑：陈　曦　庞贺鑫　孙振宇

书名/写给年轻法律人的信
作者/陈少文　著

出版・发行/中国民主法制出版社
地址/北京市丰台区右安门外玉林里7号（100069）
电话/（010）63055259（总编室）63058068 63057714（营销中心）
传真/（010）63055259
http://www.npcpub.com
E-mail:mzfz@npcpub.com
经销/新华书店
开本/32开　880毫米×1230毫米
印张/10.5　字数/200千字
版本/2022年8月第1版　2022年8月第1次印刷
印刷/北京天宇万达印刷有限公司

书号/ISBN 978-7-5162-2895-1
定价/59.00元
出版声明/版权所有，侵权必究

（如有缺页或倒装，本社负责退换）